DENIS BOREL

ENGEL, WUNDER UND DÄMONEN

Phänomene zwischen Himmel und Erde

DENIS BOREL

ENGEL, WUNDER UND DÄMONEN

Phänomene zwischen Himmel und Erde

Sankt Ulrich Verlag

Bibliographische Information der Deutschen Bibliothek

Die Deutsche Bibliothek verzeichnet diese Publikation in der Deutschen Nationalbibliographie; detaillierte bibliographische Daten sind im Internet über http://dnb.ddb.de abrufbar.

Titelbild: fotolia
Umschlaggestaltung: uv media werbeagentur
Mediengruppe Sankt Ulrich Verlag, Augsburg
Druck und Bindung: Freiburger Graphische Betriebe, Freiburg
Printed in Germany
ISBN 978-3-86744-094-3
www.sankt-ulrich-verlag.de

INHALT

ZUM GELEIT

Faszination des *Fluges,* der die Seele aus ihrem irdischen Dasein herausreißt, der zu gleicher Zeit Schwindel, ja Angst hervorruft und eine sanfte Gewißheit entstehen läßt, zu einem ganz neuen Bewußtseinszustand zu kommen, dessen stabile Mitte unser Seelengrund ist. Faszination des *Flugzeuges,* vom Wind, Propellern oder Düsen angetrieben zu sein, von Menschenhand und doch nicht von Menschenhand zu stammen. Faszination der neuen *Landschaft,* die Sichtweise des Bekannten grundlegend verändert zu erleben. Ich bitte meinen Leserpassagier auf einen Rundflug zu dieser Sphäre der Faszination für die Engel.

Das vorliegende Buch bietet dem Leser eine Art ungerechtes Tauschgeschäft an. Ich habe ihm etwas anzubieten und etwas von ihm zu fordern. Ich biete dem Passagierleser den Rundflug an, den ich für ihn zusammengesetzt habe. Als Gegenleistung bitte ich um eine Auswertung. Erst zum Abschluß des Fluges. Wenn die Wolken nicht mehr schwingen. Möge der Leser die Auswertung bei irgendeinem Mitglied des Flugteams abgeben. Was dabei wichtig ist, wird mir berichtet werden. Ich bitte um ein ehrliches Geständnis in doppelter Hinsicht, praktischer und theoretischer.

Zum einen. Wir sind auf Erden Jagdpiloten, deren Basisstation ein Flugzeugträger ist, im wilden Ozean unterwegs. Unsere Mission führt uns weit weg vom Schiff. Das wichtigste Gerät im ganzen Kampfjet ist nun ein winziger gelber Zeiger. Der Zeiger des Tanks. Je näher das Ziel der Mission rückt, desto weniger Benzin bleibt übrig. Bis zu der gefürchteten Sekunde, in der der Ölzeiger genau in der Mitte der Reserve anhält. Die Diode leuchtet rot. Jetzt ist die Zeit der Entscheidung. Entweder los zum Ziel oder zurück zum Träger. Beide Wege zu wählen ist nicht mehr möglich. Zum Menschen wird der Mensch, der in dieser Sekunde ja sagt. Ja zum Ziel. Inklusive aller Konsequenzen. Dieses praktische Geständnis zur Welt der Engel wird unser gemeinsamer

Flug von meinem Leser fordern. Ein kompromißloses Geständnis samt Konsequenzen.

Zum anderen. Ich blättere im Bilderbuch. Links protzen Kampfjets. Rechts sind Vögel abgebildet. Links und rechts wahre Wunder. Der Technik und der Natur. Wo ist das Bild und wo das Abbild?

Flugzeug. Vogel. Engel. Der Rätsel ist nur auf zweierlei Wegen zu lösen. Vom vermeintlichen Verständnis der Eignung zum Fliegen aus: Bild. Ab-Bild. Ab. Und der Engel schwindet dahin. Oder vom Realitätssinn her: Abbild. Bild. Urbild. Und der Engel sitzt am Urgrund des Daseins. Dieses theoretische Geständnis wird der Leser am Ende des Buches ablegen dürfen. Nicht zu mir. Sondern zu sich. Und zu seinem Engel. Als Urbild. Oder als Nichts.

Darf ich bitten, während des gesamten Fluges den Sicherheitsgurt angeschnallt zu lassen? Ich fürchte einen unangenehmen Flug.

Birgt unsere Welt wirklich Engel?

Besitzen Engel mehr als einen bloßen Unterhaltungwert für die müßiggewordenen postmodernen Menschen, die wir die Ehre haben sein zu dürfen und denen ihre Hohepriester jegliche Erzählung von großen Geschichten *(Metaerzählungen)* untersagt haben?[1]

Am 22. August 2001 weihte Kardinal Christoph Schönborn, Erzbischof von Wien, das von unserem Orden in der Kleinstadt Marchegg (Niederösterreich) neu errichtete Kloster ein. Der Handwerker, der an unserem Dach die Wochen zuvor arbeitete, stammte aus der Schweiz. Er erzählte mir bei einem längeren Aufenthalt, er habe einmal im Stadtzentrum Genfs das Dach eines mächtigen, vierstöckigen Gebäudes über Wochen renoviert. Als er eines Tages an der Außenkante des Daches arbeitete, ohne angeschnallt zu sein, machte er eine ungeschickte Bewegung und verlor das Gleichgewicht. In dem Moment, in dem er anfing zu fallen, schrie er zu seinem Schutzengel: „Ich brauche dich, hilf mir!“ Er spürte eine kräftige Hand, die ihn zur Dachfläche zurückbrachte. Bestürzt ging er um das große Dach herum, dessen Verschachtelung den Blick versperrte, um sich bei dem Kollegen zu bedanken, der ihm so plötzlich zu Hilfe gekommen war. Er fand keinen. Jahre später konnte er sich noch genau an diese helfende Hand dankbar erinnern, Zeichen der Berührung aus der unsichtbaren Welt der guten Mächte.

Soziologisch betrachtet scheinen deutlich die Schwesterkräfte des Guten und Bösen auf Erden wie Ying und Yang gepaart zu sein. Stimmt es auch für die Mächte der anderen Welt? Alle Geschichten der Berührung mit der Geisterwelt verlaufen leider nicht so niedlich wie die Schutzengelgeschichtlein, die wir gerne hören und weitererzählen.

Vor ein paar Jahren wurde ich nämlich als (noch) feuriger Studentenseelsorger der Katholischen Hochschulgemeinde zu einem *X-Fest* (Christus-Fest) im geräumigen Keller einer katholischen Großpfarrei des 1. Bezirks von Wien eingeladen. Das *Setting* der christlichen Party war gelungen: ein Keller, so groß wie ein Handballspielplatz und über zehn Meter hoch, von Lichtern und Kerzen beleuchtet, eine diskrete Statue der Muttergottes am Eingang, eine profimäßig aussgestatte Musikbühne, die toten Instrumente lagernd, als ob sie nur auf die Stimmung aus dem Untergrund warteten, um aus ihrem künstlichen Schlaf heraus zu hüpfen. Ich gehörte als Redner zum Vorprogramm des Abends. Von der Provokation des Ortes und der Einladung angeregt, wagte ich mich zu folgender Aussage: „Ich bin Christ und Priester, nun fertiger Ökonom, Philosoph und Theologe. Ich lade euch dazu ein, wenn ihr etwas Besseres als das Christentum gefunden habt, das euch glücklich macht, es mir mitzuteilen. Ich bin bereit, mich öffentlich auf der Stelle zu diesem mir Unbekannten zu bekehren." Dann setzte ich das Allerheiligste Sakrament aus, kniete ehrfürchtig nieder, betete inbrünstig, daß sich an diesem Abend noch einmal das Licht von der Finsternis scheiden möge, stand wieder auf und setze mich am anderen Ende des Saales in eine dunkle Ecke, nur durch Teelichter gekennzeichnet, um, nur von meiner violetten Stola vor den Angriffen des im Schoß der Erde lauernden Bösen beschützt, auf höchst unwahrscheinliche Beichtkinder zu warten.

Ein erster Kandidat meldete sich keck: „Ich habe etwas Besseres gefunden ..." Er wollte nicht beichten, nur reden. Er war 22 Jahre alt. „Ich bin im Kosovokrieg gewesen, bin unverletzt davongekommen; ich bin unsterblich, ich bin Gott ..." Ein Schauder erfaßte mich langsam, als ich verstand, wer da zu mir sprach. Auf meine Frage hin, wieweit der Teufel ihm vertraut sei, kam die Antwort: „Er ist mein Freund. Er ist harmlos. Ich lasse ihn am Leben. Der dient mir." Auf meine Frage, wie der Teufel sein Freund sein könne, ohne daß er ihn Anteil an seinen außernatürlichen Erkenntnissen haben lasse, wie z. B. in meinem Herzen zu lesen, und wie er sich dann als sein Freund ausgeben könne, ohne es tatsächlich zu leben, wußte mein für kurze Zeit sprachlos gewordener Gesprächspartner keine Antwort, aber nicht, weil es sie nicht gab.

Er erzählte mir von seinem Wahn: von seinem Besuch im Walhall mit einem Phantomschiff und seiner glücklichen Rückkehr; von alldem, was sich in seinem kranken Hirn abspielte. Alles war so scheinlogisch und übermäßig geordnet, daß für mich kein Zweifel über die Gegenwart, die über ihn herrschte, bestand. Nach zwanzig Minuten erfolglosen Gesprächs, um ihn vermittels seines Herzen auf irgendeine Einsicht hin (wovor er immer von neuem auswich) zu bewegen, sagte ich ihm: „Erinnere dich daran, bevor du ins Irrenhaus eingeliefert wirst, daß der einzige Mensch, der dir dann helfen kann, ein Exorzist sein wird." Die letzte Nachricht, die ich Wochen später von ihm erfuhr, war, er sitze an der Schwelle der endgültigen Verzweiflung in einem psychiatrischen Krankenhaus. Er hatte keinen Exorzisten zu sich gebeten. Das Bessere, das er gefunden zu haben meinte, hatte mir jeglichen Appetit auf seine gruselige Welt vergehen lassen. Beim Gespräch mit ihm hatte mich nur gewundert, wie in der Gegenwart des Verführers die Lüge in unmittelbarer Nähe zur Wahrheit mit dieser zusammen bestehen kann.

Zwei Wochen bevor die allierten Truppen in Deutschland eintrafen, hatte sich Adolf Hitler, der sein irdisches Scheinreich vor seinen Augen abstürzen und sein Schicksal damit besiegelt sah, wohl an Admiral Wilhelm Franz Canaris, an General Hans Oster und an Dietrich Bonhoeffer erinnert, die am gegen ihn gerichteten Mordversuch des 20. Juli 1944 beteiligt gewesen waren. Der Führer ließ die drei Männer vor einem SS-Gericht erscheinen, unterzog sie einem raschen Scheinprozeß ohne Verteidiger und ohne Zeugen. Die drei Männer wurden im KZ Flossenbürg qualvoll erhängt. Kurz vor seiner Hinrichtung in der Morgendämmerung vom 9. Mai 1945 schrieb Dietrich Bonhoeffer (1906–1945) ein Lied, das die Trotzmacht der menschlichen Hoffnung in einem höheren Licht erscheinen läßt, nämlich eines den Menschen übersteigenden Horizontes.

„Von guten Mächten wunderbar geborgen
erwarten wir getrost, was kommen mag.
Gott ist bei uns am Abend und am Morgen,
und ganz gewiß an jedem neuen Tag.“

Seine früheren Ausführungen über die guten Mächte lassen sie auf die Liebe zu seiner Verlobten, seiner Familie und seinen Freunden zurückführen. Angesichts des Todes war gewiß keiner von den ihm teuren Menschen anwesend, der ihm den Trost eines Lächelns hätte spenden können. Andere Mächte sollten dann einrücken, um der schlummernden Angst, der Verzweiflung und der Unentrinnbarkeit des Todesurteils den Kampf anzusagen.

Kultureller Umgang mit Engeln

Unter einem guten Stern geboren zu sein erfreut jeden. Hingegen wehrt sich der dagegen, dem nach unerklärlich sich wiederholenden sogenannten „Schicksalsschlägen“ gesagt wird, er sei unter einem schlechten oder bösen Stern geboren. – Warum ich? Warum widerstrebt mir die Idee, ich könne an meinem Leben nicht frei basteln? Gibt es so etwas wie einen guten oder schlechten Stern? Warum glauben dann manche Hochkulturen und das christliche Mittelalter mit ihnen, daß Sterne und Engel sich nicht so weit weg voneinander im Äther bewegen, da sie beide als kostbare Werkzeuge der Vorsehung Gottes fungieren dürfen? Setzt sich etwa der Glaube an Engel und Dämonen der schwer erklommenen Freiheit der Modernität entgegen? Können und dürfen wir ohne weitere Differenzierungen die Wirkung der Engel von der der Dämonen zusammen in einem Blick behalten?

Zwischen dem Umgang der zeitgenössichen Kultur mit den Engeln und mit den Dämonen lassen sich eine Gemeinsamkeit und eine Differenz feststellen.

Der gemeinsame Trend ist die Verniedlichung beider Erscheinungsformen auf unterschiedlichen Wegen bis zur Erschöpfung. *Engel* erscheinen nur noch als saisonsbedingte Marktprodukte für den Advent, als Glücksbringer fürs Haus, in der Esoterik als Mittel zur Freilegung der Kräfte, die der Selbstverwirklichung dienen sollen. Sie üben nach wie vor über alle Generationen hinweg eine große Anziehungskraft aus. Bei den *Teufeln* spielt auch die Technik mit: Die australische Firma „Mobiles2Go" bringt im Sommer 2009 neue Handys für Kinder (GPS Kids Phones) auf den Markt, die über eine vereinfachte Bedienung verfügen, die schon die Kleinsten benutzen können, ohne eine lange Nummer einzutippen. Das Gerät trägt, einem Teufelein ähnlich, zwei Hörner, die als Antennen auf dem Gehäuse sitzen.

Im Volksmund herrschen Ausdrücke wie „Hexenschuß", „Engelmacher" oder „die Sprache der Engel". In Frankreich löst ein tiefes, manchmal schamhaftes Schweigen in einer Gesellschaft, die sich zum Essen versammelt hat, den Spruch aus: „Ein Engel fliegt vorbei" *(un ange passe)*. Ohne jegliche Einwände seitens einer Engelgewerkschaft werden auch in Deutschland gutmütige und -willige Menschen in den Engel(adels)stand befördert. Der Pannendienst, der irgendwo in der Landschaft das Auto abschleppt, wird zum „Engel der Landstraße", und der fürsorgliche Gatte zum „wahren Engel". Mögen die „unwahren Engel" sich bitte im Schatten von deren Flügeln verborgen halten ... Sogar die List des Versuchers findet im Volksmund ihren Ausdruck: die Mutter sagt zu ihrem hartnäckig eine Missetat abstreitenden Sohn, sie habe den

„Unschuldsengel“ durchschaut. In solchen Ausdrücken werden Naturelemente (Hexenschuß) bzw. Menschen mit Eigenschaften der (gefallenen) Engel angesprochen. Der Abtreiber bringt Kinder ins Jenseits, dorthin, wo die Engel ohne Leib bestehen, und wird zum „Engelmacher“. Ein nichtgefaßter Mörder wird im Dorf als „Todesengel“ bezeichnet. Auch Mord und entsprechende Bedrohungen gehören offenbar der Welt der Geister an.

Die Zeitgeschichte bietet auch reichlichen Anlaß zur Engelsprechung: Maria Stromberger (1898–1957), Sr. Angela Autsch (1900–1944), Aurelia Wald (1914–1962) wurden alle drei „Engel von Auschwitz“ genannt, wahrscheinlich um als trinitarische Kampfeinheit nach dem Modell der Erzengel gegen KZ-Arzt Joseph Mengele, der den Beinamen „Todesengel von Auschwitz“ erhielt, zu kämpfen. Die Zeitzeugen und die Legenden bestätigen uns noch heute, daß sie tatsächlich Siege davontrugen. Mutter Teresa wachte wie eine Mutter über die Sterbenden von Kalkutta. In jeder Kultur, auch in Indien, stehen Geistwesen den Menchen beim Abschied aus diesem Leben bei. Der kleinen Nonne aus Üsküb (heute Skopje) wurde der lobenswerte Edelname „Engel von Kalkutta“ verliehen.

In allen Redewendungen, die sich auf positive Lebenssituationen beziehen, übernimmt der Mensch die Fürsorgefunktion eines Engels. Die Folge (oder die Ursache?) ist dann (nach dem Sündenfall) der zweite, diesmal kulturelle Fall des Engels auf die flache Ebene des Menschen: der Engel ist zum arbeitslosen *Outsider* geworden. Auch Engel können sich wehtun, wenn sie zu oft stürzen...

Zuletzt haben sich Gestalten der Engel politische Verdienste auf der *Agora* geholt. Nicht selten stellen Gemeinden, die bei Verkehrsknoten häufige Unfälle beklagen, einen Heiligen oder einen Engel an Brücken oder Kreisverkehren auf, um den Straßenverkehr zu verflüssigen. Manche erfreuen sich dann eines meßbaren Rückgangs der Unfälle, ohne daß festgestellt werden könnte, ob die Engel eine archetypische Beruhigungsfunktion auf die Raser ausübten, oder auch tatsächlich einen Einfluß auf das Geschehen dieser Welt hatten. In diesem örtlichen Sinne (allerdings mit einem anderen historischen Hintergrund) steht der *Engel des Nordens* (englisch: *Angel of the North)*, eine von Antony Gormley in den Jahren 1994–1998 kreierte moderne Skulptur, in der Nähe von Newcastle upon Tyne in England. Der Engel des Nordens steht auf einem Hügel und überblickt die A1 und A167 Richtung Tyneside und die East Coast Main Line-Eisenbahnstrecke. Es handelt es sich um eine Stahl- und Kupferskulptur, einen 208 Tonnen schweren Engel, der an die industrielle Vergangenheit Nordenglands erinnern soll. Der Engel ist 20 Meter hoch und seine Flügelspannweite beträgt 54 Meter. Die Flügel strecken sich nicht wie eine Gerade aus, sondern sind mit 3,5° angewinkelt, um eine Umarmung anzudeuten.

Der böse Engel ist in der Postmoderne ganz zu Hause. Seine Daseinsberechtigung wird bloß noch auf seine Verträglichkeit mit der Demokratie hin geprüft. Weil er in der französischen Republik als Gegenstand eines *besonderen* Glaubens betrachtet wird (und wegen mangelnden Beweisen seiner zivilen Existenz nicht als existierendes Wesen) und die französische Staatsverfassung nicht imstande sein soll, solchen chimärischen Wesen Einhalt zu gebieten, „genießt seit der rigorosen Implementierung des Gesetzes der Trennung von Staat und Kirche aus dem Jahre 1905 wie der Prinzipien der Laizität der Teufel ein Bürgerrecht in unserem Land", so lautet ein verheerender offizieller Bericht aus dem Jahr 2006,[2] der im Auftrage des Premierministers geführt wurde. Offensichtlich scheint das bisherige nationale Wohlbefinden „wie Gott in Frankreich" auf der Grundlage von 1905 durch seinen drohenden Gegensatz ersatzlos gestrichen.

Die kulturelle Differenz zwischen Engeln und Dämonen liegt zum einen in der Symbolik dieser Gestalten, zum anderen in den sozialen Verhaltensmustern der Gruppen, die sich ihrer bedienen. Es gibt Randgruppen der Gesellschaft und der Kirche, die sich der kriegerischen Züge des Erzengels Michael bemächtigen, um gewalttätig zu werden, und es gibt Anhänger von satanistischen Gruppierungen, die am Arbeitsplatz ihr Tagewerk anständig erledigen. Diese bleiben auf Dauer Ausnahmen. Der einmal umstrittene katholische Orden der Regularkanoniker vom Heiligen Kreuz *(Opus Angelorum)* mit Sitz im Kloster St. Petersberg in Silz/Tirol fördert nun seine Mitglieder durch eine Spiritualität, die den Engeln einen besonderen Platz einräumt, ein an der Tradition orientiertes und evangeliumsgemäßes Leben in der Nachfolge Christi zu führen. Umgekehrt lassen sich beim Open-Air-Festival „Hellfest“ in Clissons (Frankreich) jedes Jahr Songs hören, die in anderen Kontexten beim bestem Willen nicht als gesellschaftsverträglich bewertet werden können. Das Internetportal des genannten Festivals bietet bis auf das Gesicht verhüllte menschliche Mumien, die aus einem zerfallenen, von einem überhellen Licht beleuchteten Gebäude herauseilen. Die Betontrümmer und gebogenen Eisenstangen spielen auf erstaunlich ähnliche Bilder von *Ground Zero* an ... Kulturell gesprochen leiten Engel die Menschen zu anderen Taten als Dämonen an. Die kulturelle Fraktur zwischen diesen zwei Typen von Identifikationsfiguren, die aus unterschiedlichen Hintergründen sich herausbilden, spiegelt vielleicht etwas – mehr als auf den ersten Blick vermutet wird – vom Kampf wieder, der sich zwischen Gutem und Bösem auf unserem Erdenball abspielt.

Christlicher Umgang mit der Geisterwelt

Putten gegen Teufelsfratzen, Engelshymnen versus Teufelsklänge, erzkonservative Dogmen gegen den aufklärerisch und mündig gewordenen Zeitgeist ... Wird nicht beim näheren Hinschauen diese Gegenüberstellung als zu naiv auf beiden Seiten eingestanden und mit der Rationalität und dem Erwachsenwerden der Postmoderne als unvereinbar betrachtet? Ist Harry Potter ein unterhaltsames Jugendbuch oder ein raffiniertes Mittel des Verderbers, um die Jugend in seine Netze zu ziehen?

Der Apostel Paulus beginnt sein berühmtes „Hohelied der Liebe“ mit den Worten: „Wenn ich in den Sprachen der Menschen und der Engel redete ...“ (1 Kor 13,1). Gibt es eine Sprache der Engel und eine Sprache des Teufels? Sind diese Sprachen verständlich für den Menschen? Im Zuge unserer Erörterungen werden wir sehen, was für eine Brisanz diese Worte haben. Es scheint, daß sowohl die Engel als auch die Teufel verschiedene Sprachen beherrschen. Bei manchen Sprachen unterhalten sie sich lebhaft, wie bei Musik und Gebet, oder bei Erscheinungen oder paranormalen Phänomenen, allerdings mit absolut unvereinbaren Sichtweisen, durch konträre hermeneutische Abgründe geteilt. Bei anderen Sprachtests verschärfen sich die kulturellen Hintergründe der verschiedenen Wesen: Mit den Menschen vertraute Geister sprechen gerne Menschen an, um sich bei ihnen einzunisten; Menschen tun sich umgekehrt schwer, die Sprache der befallenen Orte, an denen sich Stimmen von Menschen und Dämonen wahrnehmen lassen, zu deuten. Dämonen antworten auf manche Fragen eines Priesters während eines Exorzismus sehr ungern: die Sprache des geistlichen Kampfes ist ihnen nicht so bekannt.

Bei der kunstvollen Sprache des Gebetes scheiden sich die Geister, in allen Bedeutungen dieses Wortspieles. Die einen reden aus Gott (siehe Paulus in Röm 8,26), die änderen lästern ihn. Teufel und Dämonen haben ein Temperament, das wenig mit dem der Menschen gemein hat: wenn sie einen locken und ansprechen, um ihn zu versuchen, schweigt er spontan und zieht sich dank seines inneren Radars zurück, bevor er bei einem erneuten Versuch, mit neuen Tricks, der List des Versuchers anheimfällt. Wenn der Mensch mit den Toten zu sprechen versucht, antworten diese kaum.

„Who is who?" in diesen unheimlichen Versteckspielen, in Versuchungen und Grenzerfahrungen, die für manche (gewollt oder ungewollt) zur Tagessuppe werden? Erleben wir in Extremsituationen, in denen sich das Übel deutlich vernehmen läßt, den Teufel am Werk? Im großen Exorzismus (RR 1999, Nr. 62) wird er nämlich in seiner Qualität als „Betrüger des Menschengeschlechts" beschwört auszufahren. Trübt er nicht meisterhaft die Geister, so daß Menschen seinetwegen miteinander im Streit sind, während er in aller Ruhe seinen Unfug weitertreibt?

Ein oft mitschwingender Ansatz vieler christlicher Erbauungsbücher zum Thema Engel könnte so formuliert werden: Die diffuse postchristliche Welt bemächtigt sich der Engel, die der jüdisch-christlichen Tradition zugehören, und kocht mit ihnen ihren eigenen esoterischen Brei, der sich damit endgültig vom christlichen Gedankengut verabschiedet hat. Diese Ansicht würde ich nicht als völlig unwahr betrachten. Dennoch bietet sie einen stark verkürzten Blick auf das Lager. Wenn die Engel *wirkliche Wesen* sind, die unsere Welt durchwalten und sich uns Menschen von Zeit zu Zeit bemerkbar machen, was die Sättigung mit Engelmotiven in allen Bereichen unserer Kultur nur zu schwach belegen *kann* im Vergleich zur Wirklichkeit des Stands der Dinge, dann gilt es doch, einen *theologischen* Schlüssel auf das Phänomen des Engelbooms (nach dem durch Engelmacher bereits erloschenen Babyboom) anzuwenden.

Ein verschärfter hermeneutischer Zugang scheint also geboten. Engel gibt es, und eine ihrer Haupteigenschaften ist es, sich zu zeigen. Wenn Christen in der postmodernen Kultur mit Humanisten zur Übereinstimmung über die Präsenz der Engel in der Kultur kommen, sollten dann Christen nicht einen etwas differenzierteren Schluß aus der Tatsache ziehen, daß die nichtchristliche Welt, wenn sie von den Engeln spricht, sich doch zu einem Thema äußert, dessen Ursprung doch (theologisch gesprochen) kristallklar ist: Die Engel wollen verkünden und verkündet werden. Diese Ursache des Engelbooms ist hier der eigentliche Streitfall zwischen Humanisten und Christen. Christen dürfen einfach der Meinung sein, daß die Kultur gerade über die Engel spricht, weil diese ein Bestandteil der Kultur sind, ja noch mehr weil die Engel in „Eigenverantwortung" einen kulturellen Beitrag zu leisten haben. In diesem Licht erscheint der postchristliche Engelboom für den Christen als anregender Hinweis dafür, daß die Kultur christlicher geprägt ist, als sie willentlich zugibt, und daß ihr das „höher" anzurechnen ist als es scheint. Hinter dieser Tatsache könnte ein geistlicher Schatz vergraben sein, dessen Bergung wir versuchen wollen.

Engel und Dämonen dienen einer dreifachen, gottgewollten, über sie hinausweisenden Ordnung, deren Spuren unsere kleine Studie nachzeichnen möchte: einer Schöpfungs-, Natur- und Erlösungsordnung.

Geistwesen gehören von vornherein zum Schöpfungsplan, der von Gottes unbändigem Geist ausgeht, sich der von ihm *ex nihilo* hervorgebrachten Materie bedient, um eine geschaffene Welt auf ihren Ursprung hin zu ordnen. In diesem komplexen und dynamischen Gefüge von Materie und Geist nehmen die Engel ohne Scheu den ersten Platz ein. Die Darstellung der Engel in der Kulturgeschichte wird unsere Untersuchung einleiten (S. 19 ff.). Die Engel in der Schöpfungsordnung werden dann anschaulich dargestellt als Grundlage des Weiteren (S. 39 ff.); anschließend wird den Schattenwesen ihr untergeordneter Platz im Schöpfungsplan Gottes zugewiesen (S. 58 ff.).

In der Naturordnung sind die Engel kaum sichtbar, da sie wirkursächlich der physischen Natur zusammen mit den Menschen den Vorrang überlassen. Wir werden unsere Aufmerksamkeit aber auch auf einige Wunder im Bereich der Natur richten (S. 80 ff.) und uns Glaubensphänomenen in menschlicher Gestalt zuwenden (S. 108 ff.). Die besondere Berufung des Schutzengels wird näher betrachtet werden, da sie eine Rückwirkung auf das Gesamtverständnis dieser göttlichen Ordnung besitzt (S. 129 ff.).

ENGELSSCHWERT UND BAROCKE PUTTEN

„O dann sinkt der Traum zum Spiegel nieder,
Und ich hör' der Engel Lieder wieder,
Die das Leben mir vorüber trugen,
Die so selig mit den Flügeln schlugen..."
CLEMENS BRENTANO, SCHWANENLIED

Die christliche Kulturgeschichte des Abendlandes wird *nolens volens* in einer unheimlich mächtigen Engelzange gehalten, im Äther von zwei Engeln schier zusamengepreßt: vom Engel des Ursprungs, der an die Sünde erinnert, und demjenigem der Vollendung, der die Erlösung kundtut. Die dem sündigen Menschen den Eingang zum Paradies verwehren sind genauer gesagt zwei Arten von Gegenwarten, die dazu von Gott bestellt worden sind (Gen 3,24). Darin zeichnet sich bereits ein biblischer Grundzug ab: Engel verkörpern Sendungen. Es gibt so viele Engel, wie es im Namen Gottes Aufträge auszuführen gilt, seien es kontemplative oder apostolische. Cherubim stehen nämlich vor Gottes Angesicht und loben ihn ununterbrochen, sie verkörpern die kontemplative Berufung der höheren Geschöpfe; das Flammenschwert erinnert an den tragischen Fall des Menschen, der die Gerechtigkeit Gottes erfordert. Engel begleiten aber eben auch die Schöpfung im Zuge des Erlöstwerdens bis zur Apokalypse, sie stehen den Kirchen vor, die der Herr zurechtweist, fangen das Urteil auf und verkünden es deren Gliedern. Dabei erweisen sie sich als Boten Gottes für die Menschen, Vermittler der Heilsratschlüsse Gottes.

Kulturgeschichte der Engel

Naturkräfte, um das Chaos zu ordnen

Ohne sein Einverständnis zum Seienden berufen und frühzeitig ins Dasein geworfen, hat der *Homo sapiens sapiens* gelernt, sich vor den Naturelementen zu schützen. Als Nomade zu sich gekommen, weil er die Erde noch nicht bestellen konnte, ist er zuerst dem Wild nachgegangen, um sich zu ernähren. Erst durch die durch Jahreszeiten bedingte Wiederkehr zu denselben Jagd- und Aufenthaltsorten hat der Mensch mehr Zeit an überlebungsgünstigen Stellen verbracht, den Tälern von Mesopotamien, die ein mildes Klima hatten und genügend Wild beherbergten, und heute der Paläontologie dazu dienen, die Sitten der ersten *Homines sapientes* zu erforschen. Einfach ist das Leben des Urmenschen nicht, der sich vor den wilden Tieren, vor der Natur und vor gewalttätigen Menschen schützen soll. Durch den Tod ist der Mensch, ohne es zu viel zu bedenken, religiös geworden: der Tod hat einen Schnitt in seine Nomadenkarriere gebracht. Er hat ihn zum Bleiben veranlaßt, da er seine Toten auf seine Pilgerschaft nicht mitnehmen konnte. So ging der Tod – nicht ohne Ironie – dem lebendigen Menschen auf der Zeitleiste des Ausdrucks von Religion voran.

Die Begegnung mit den Urkräften der Natur: Feuer, Wasser, Frost, Sturm, Meteoriten, Kometen, Lawinen und Flüssen, dem Wachstum und Zerfall der Bäume und der Flora, der Verschiedenheit der Tierarten und der Gefahr mancher Tiere, mit denen der Mensch sich die Welt teilen sollte; die Gefühlswelt, die der Mensch durch Tanz, Ritual, Sprache, und Kultstätten zum Ausdruck zu bringen versuchte; die Auseinandersetzungen mit anderen Menschen und Stämmen, die genauso wie er ums Überleben ringen, um sich ein Herrschaftsgebiet abzusichern, und daher Macht, List, Gewalt und Bündnisse benutzen, um zu ihrem Ziel zu gelangen – all dies zwang unsere Vorfahren zur geistigen Auseinandersetzung mit dieser Welt, um ihren Platz darin zu finden. Die Unerklärbarkeit vieler Naturphänomene für einen Menschen, der sich noch nicht der wissenschaftlichen Sprache bemächtigt hatte, ließ ihn diese willkürlich erscheinenden Phänomene Urkräften zuschreiben. Der geistige Schritt zu personhaften Wesen, die einer Natur innewohnen, die ihm wohl- oder feindlich gesinnt ist, war schnell getan. Nun befand sich der Mensch in einer von Urwesen und -kräften wimmelnden Umwelt.

Eines läßt den Urmenschen eifersüchtig werden: Der Vogel, den er so gern fängt und verspeist, *fliegt.* Diese Eigenschaft bleibt dem Menschen verwehrt. Daher wird die Ursehnsucht des Menschen in sakralen Texten, z.B. der Bibel, mit einem Vogel verglichen. „Unsere Seele ist wie ein Vogel dem Netz des Jägers entkommen; das Netz ist zerrissen und wir sind frei“ (Ps 124,7). In der griechischen Mythologie bedient sich Ikarus künstlicher Flügel aus Wachs, Federn und Stangen, an seinem Rücken befestigt. Der Sonne zu nahe gekommen, schmelzen ihm die Flügel, und die Geschichte endet mit einem Sturz ins Meer.[1] *Die Möwe Jonathan* von Richard Bach (1970) verkörpert diese Sehnsucht des Menschen nach der Freiheit, welche die Vögel genießen. Hingegen beschreibt Franz Kafka in seiner Schreckensnovelle *Die Verwandlung* (1915) die tödlich endende Gefangenschaft des menschlichen Geistes Georgs im Körper eines Käfers, dem die Bewegungsfreiheit, die er als Mensch genoß, für immer entzogen erscheint. Die Zugvögel gelten schon in der Antike als Boten des Friedens, ja sogar der Suche nach Gott. Mit welchem High-Tech-Kompaß orientieren sich die Marchfelder Störche, die Ende Juli Österreich verlassen, um in Südafrika ihren langen Winterurlaub zu verbringen? Steckt etwa hinter den Magnetfeldern und ihrer Wirkungskraft eine göttliche Ordnung und Führung der Zugvögel, welche sich in das Naturgesetz ihres rätselhaften Instinktes eingeschrieben hätte ?

Trotz seiner Verwandtschaft mit den Naturkräften und seiner Sehnsucht nach Unsterblichkeit fühlt sich erst in der Moderne der Mensch zwischen zwei Haltungen auseinandergerissen: einerseits als „Sein zum Tode“[2], anderseits durch seinen Geist als derjenige, der die „Trotzmacht des Geistes“ noch im Todeslager des KZs zu leben vermag.

Eines haben die Hochkulturen gemeinsam im Hinblick auf die Engel: sie haben angefangen, die Komplexität des Lebens zu erfassen und nach Ausdruckformen zu suchen, diese zu veranschaulichen. Hierarchien von Göttern entstehen, deren Systematik sich erst allmählich strukturiert: Götter werden nämlich zuerst erfahren, geliebt und gefürchtet, und erst dann Gegenstand einer rationalen Auseinandersetzung. Die ersten bildlichen Darstellungen von Göttern bieten leichteren Stoff zum Nachdenken über die Engel als die schriftlichen, die schwerer zugänglich sind. Die verschiedenen Arten von Göttern üben unterschiedliche Funktionen aus, die durch Haltungen und Gegenstände, durch Farben und verschiedene Naturelemente abgebildet werden. Gemeinsam mit ihren schwächeren Brüdern, den Menschen, fangen sie an, sich des Universums zu bemächtigen. Der Bâ des Alten Ägyptens,[3] die Apsara der vedischen Religion,[4] die erste Engelhierarchie im Mazdaismus[5] zeugen von der Vielfalt der Engelvorstellungen in den Urkulturen.

Als Ahnen unserer Schutzengel stehen sie zwischen der *Schöpfung* aus Gottes Hand und der *Verwaltung* der göttlichen Anordnungen durch ihre Mitwirkung im Sinne von Zweitursachen. Für eine archetypische Deutung des Gewissens anhand religiöser Muster wird sich später in der Geschichte der Engel der schweizerische Arzt und Begründer der analytischen Psychologie Carl Gustav Jung interessieren. Theologisch ist anzumerken, daß die christliche Engellehre diese beiden Funktionen der Engel zwar anders ausdrücken, aber ihre unaufgebbare Zwischenstellung als Wesen zwischen der Gottheit und der Materie bestätigen wird.

Biblische Engelgestalten

Engel im Alten Testament

Die ersten Pläne eines Verbrechers, und sei es ein göttlicher, verraten vieles über seine weiteren Absichten. Unterwegs mit den Engeln verlieren wir keine Zeit, wenn wir in den ersten Seiten der Bibel nach ihren Spuren fahnden. In den modernen Engelgeschichten und rätselhaften Vorgängen, die wir nachzeichnen werden, finden sich Merkmale der unsichtbaren Freunde Gottes wieder, als eine Art gegenseitiger Bestätigung des empirischen Fundus und der literarischen Inspiration durch Gott. Das göttliche Denken sah sich oft genug zum Handeln in der Geschichte veranlaßt. Gott im Zuge seines Handeln zu betrachten verrät umgekehrt etwas von ihm.

Wie werden die Engel genannt? Die hebräische Bezeichnung *malak* bedeutet zunächst Bote. Zum Engel wird der Bote erst dann, wenn er als „Bote des Herrn“ oder „Engel Gottes“ bezeichnet wird, wie wenn Gott zu Jakob spricht (vgl. Gen 31,11) oder wenn der Prophet Zacharias die Vision vom Engel Gottes hat, der gleichgestellt wird mit Gott selber (Sach 12,8). Auch andere Namen tauchen auf: „Gottessöhne“, „Heilige“, „Heer des Himmels“ (Neh 9,6).

Der allererste Bote Gottes erscheint Hagar in der Wüste, nachdem Gott dem Abram seinen Bund angekündigt hat, und dessen Magd Hagar an die Stelle der unfruchtbaren Frau Sarah getreten ist, um ihm Nachkommen zu geben. Verstoßen durch ihre Herrin, verbannt in der Wüste, verspricht ihr der Engel Gottes: „Deine Nachkommen will ich so zahlreich machen, daß man sie nicht zählen kann“ (Gen 16,11). Eine sprachliche Koinzidenz erweckt die Neugier des Lesers: mit erstaunlich ähnlichen Worten hatte sich Gott kurz zuvor in einer Vision an Abram gewandt (Gen 16,4–5) und ihm den Bund, den Gott mit ihm schließen wollte, angekündigt. In dieser ersten Stelle der Schrift tritt der Engel in seinem numinosen Wesen auf: Gott ganz ähnlich, in seinem Auftrag gesandt und doch wesenhaft von ihm unterschieden.

Unter welcher Gestalt erscheinen die Engel, bevor Gott sich in Christus endgültig zu erkennen gibt? Gott gibt ihnen die

Fähigkeit, sich auf eine Weise als Menschen zu tarnen, die dem ersten Blick standhält: sie besitzen nämlich etwas von einer spielerischen, ja schauspielerischen Natur. Abram spricht mit einem Boten; erst wenn dieser ihm seinen Namen kundgetan hat, betet Abram Gott an, da er von seiner Gegenwart ergriffen wurde (Gen 17,2). Kurz bevor Sodom zerstört wird, kommen zwei Boten Gottes zu Loth, um ihm vor der Gefahr zu warnen. Sie erscheinen wie Menschen – Loth nimmt sie als Gäste auf –, handeln aber überirdisch: sie schützen Loth, der in Gefahr geraten ist, und schlagen ihre Verfolger, die sie gefangennehmen wollen, mit Blindheit (Gen 19,11).

Der Engel Gottes nimmt sogar menschliche Gebärden an: Er „setzte sich unter die Eiche bei Ofra" und wartet auf Gideon, den der Herr zum Kampf gegen die Midianiter senden will (Ri 6,11). Als Gideon ihn um ein Zeichen seiner göttlichen Sendung bittet, begeht der Engel eine merkwürdige Handlung: „Der Engel des Herrn streckte den Stab aus, den er in der Hand hatte, und berühte mit seiner Spitze das Fleisch und die Brote. Da stieg Feuer von dem Felsblock auf und verzehrte das Fleisch und die Brote.[6] Der Engel des Herrn aber war Gideons Augen entschwunden" (Ri 6,21). Engel haben keine Höflichkeit gelernt, weil sie sie im Alltag nicht brauchen. Wenn der Engel die Boschaft übermittelt und das Zeichen gesetzt hat, wozu er gekommen war, entzieht er sich dem Zugriff seines Schützlings. Engel sind scheue Wesen.

Im Buch Hiob tritt der Satan vor Gott hin (1,7). Im Alten Testament bezeichnet „Satan" nicht primär den Oberteufel; er stellt zunächst einen Engel dar, den Gott verwendet, um die Glaubenstreue der Menschen auf die Probe zu stellen. Auf Hebräisch wird der „Engel des Herrn, der in feindlicher Absicht" Bileam begegnet, als „Satan" bezeichnet (Dtn 22,22). Der Begriff wird auch im Sinne des Widerstandes für Menschen[7] oder für die Tat des Widerstehens[8] verwendet. Der Satan stellt die Frage des Übels, nicht auf der theoretischen Ebene der Theodizee, sondern ganz praktisch. Er will eine empirische Studie erheben: Wie wird sich der fromme Hiob angesichts der leiblichen Armut und des Schmerzens gegenüber Gott verhalten? In der biblischen Erzählung tritt hier das Motiv der Zulassung der Prüfung durch Gott zutage. Von sich aus will Gott das Übel nicht; im Zuge seiner allgemeinen Vorsehung läßt er es aber zu, jene Vorsehung, die das Zwischenspiel von Erst- und Zweitursachen eigenartig artikuliert. Trotz des Anscheins bleibt Gott Herr der Geschichte und befiehlt weiterhin dem Teufel: „Gut, all sein Besitz ist in deiner Hand, nur gegen ihn selbst streck deine Hand nicht aus!" (Ijob 1,12).

Die Erzählung der abenteuerlichen Reise des jungen Tobit in die Stadt Rages in Begleitung eines in Menschengestalt verkleideten Erzengels (Tob 5–11) ist in mehrerlei Hinsicht bemerkenswert. Sie zeigt wie keine andere Geschichte aus dem Alten Testament die langanhaltende Fürsorge der Engel für den Menschen. Die spätere Inspiration der Theologie, die Funktion des *Schutzengels* zu untersuchen, weiß sich dieser Episode verpflichet, der der Hund von Tobit eine heitere Note gibt: „Da brachen die beiden auf, und der Hund des jungen Tobias lief mit" (Tob 5,17). Verblüffenderweise verfügt das Alte Testament bereits über *Special-Effects:* die beiden Erzählungen von zwei gleichzeitig und an verschiedenen Orten an Gott gerichteten Bitten von Tobit in Ninive (Tob 3,1–6) und Sarah in Ekbatana (Tob 3,7–15) werden in einem *Travelling-Matte*-Verfahren sondergleichen zusammenschnitten: „Das Gebet beider, Tobits und Sarahs, fand Gehör bei der Majestät des großen Raphael" (Tob 3,16). Im Unterschied zu den meisten anderen Erzählungen setzt sich in dieser Szene ein Engel für ein scheinbar belangloses Anliegen ein, nämlich einen Schuldschein zu begleichen. Der angekündigende *Special-Effect* verriet bereits ein *Special-Happy-End:* „Tobias sollte Sarah zur Frau haben" (Tob 3,17). Und so wird nicht mehr die Geldfrage, sondern das Glückbringen zum Grund des göttlichen Eingreifens.

Vor der Babylonischen Gefangenschaft tragen die Engel keine persönlichen Namen; danach verraten sie etwas mehr von ihrer geheimnisvollen Natur. Dem begnadeten Daniel werden zwei Engelnamen verraten: Gabriel zuerst (Dan 8,16), dann der Kämpfer Michael (Dan 10,13.21); dem jungen Tobit ein dritter (Tob 3,16): Raphael. Damit treten sie in eine neue Nähe zu den

Menschen; Grund ihrer Zuwendung ist eine ihnen von Gott im Zuge ihres Auftrags verliehene Vorliebe zu den Menschen, die ihrer Obhut anvertraut werden.

Berührungspunkte zwischen Antike und Bibelwelt

Die Hochkulturen wimmeln von Göttern, die die verschiedensten Autoren inspirieren. Jene kommen in der griechischen Mythologie nicht zu kurz: die Göttin von Parmenides, die ihn zum allerersten Metaphysiker der Philosophiegeschichte machte; der *Daimon* von Sokrates, der ihm das Bewußtsein seiner politischen Sendung aufzeigte und ihm die Angst nahm, dafür die Todesstrafe zu erleiden; die Greisin, die dem *Hirten* des *Hermas* als Abbild der Kirche erschien ... Gegenstand der Forschung bleibt, welche Muster aus nichtbiblischen Quellen in die Bibel aufgenommen wurden: Schöpfung, Sintflut, Sündenfall, Engel ... und viele andere finden sich vergleichbar bereits in Texten wie dem *Gilgamesch-Epos* (die früheste Version stammt bereits aus der Zeit vor dem 19. Jh. vor Christus), die den ältesten biblischen Berichten vorangestellt werden müssen. Es wäre aber illusorisch zu glauben, eine solche Rezeption könne letztlich bewiesen werden und darüber hinaus Richtschnur für den Wahrheitsgehalt einer Bibelstelle sein.

Als unwidersprochenes Beispiel gilt gleichwohl diese Stelle der Aufnahmefähigkeit der inspirierten Autoren gegenüber nichtchristlichen Texten: „In jenen Tagen gab es auf der Erde die Riesen, und auch später noch, nachdem sich die Gottessöhne mit den Menschentöchtern eingelassen und diese ihnen Kinder geboren hatten. Das sind die Helden der Vorzeit, die berühmten Männer“ (Gen 6,4). Da es im Alten Testament keine Mischwesen gibt zwischen Geistern (die rein spirituelle Geschöpfe sind) und Menschen, muß ein rationaler Weg der Interpretation der Bedeutung der Riesen gefunden werden. Für Augustinus wird es rationaler sein, die Riesen als Menschen besonderer Größe zu betrachten, als als Engelgestalten, die keinen Leib haben. Sie werden lediglich deswegen Gottessöhne genannt, weil sie als *homines justi* in Gerechtigkeit leben.[9]

Näher stehen die Einflüsse der griechischen und römischen Mythologie. Dort treten Götter in Männer- und Frauengestalten auf, die die Grundlage für das Verständnis der Engel im Neuen Bund liefern.

Eros stellt als kräftiger Mann den Gott der Liebe dar. Auf zwei Merkmale der Liebe lassen sich seine Flügel zurückzuführen: einerseits auf die sturmartige Wucht seines Kommens, andererseits auf die Flüchtigkeit seines Wesens. Die Tatsache, daß der Gott Eros manchmal sehr weiche oder weibliche Züge trägt, dürfte auf die orphische Konzeption der Gleichsetzung zwischen Eros und dem androgynen Urgott Phanes zurückgehen. Wie es allerdings zu der Verjüngung des Eros von einem jungen Mann zu einem Knaben (wie etwa bei den Darstellungen der Eroten auf spätrömischen Mosaiken) gekommen ist, bleibt den Kunsthistorikern verborgen. Sich mit Engeln zu beschäftigen bewahrt stets den Duft eines in menschlicher Sprache nicht faßbaren Mysteriums.

Weiblich dargestellte Götter gibt es auch: unter verschiedenen Namen, die in Zusammenhang mit ihren zahlreichen Funktionen stehen, tritt die Göttin Pallas Athene auf, als Schützerin der Stadt Athen, Helferin in schwierigen Aufträgen (sie steht Herakles bei, damit er seine zwölf Aufgaben verrichte, hilft Perseus, die Gorgo Medusa zu köpfen, berät Kadmos, wie er die Stadt Theben zu gründen hat), Schützerin der Kämpfer (Diomedes im trojanischen Krieg, Odysseus in der *Odyssee).* Sie wird entweder als *Athená Prómachos,* „die in der ersten Reihe kämpft", oder als *Athená Níkê,* Göttin des Sieges, dargestellt und weist auch zivilisatorische Künste auf: sie zeigt Érichthonios, wie man das Rad und damit einen Vierradwagen herstellt; Danaos in Rhodos, wie man ein Schiff mit doppeltem Bug, das erste dieser Art, für fünfzig Ruderer baut, auf dem er mit seinen fünfzig Töchern (den Danaiden) floh. Sie bringt Hephaistos, dem Goldschmied bei, wie man Silber zu Gold verarbeitet. Als *Erganê* wird sie auch als Beschützerin der Kunstfertigkeiten, insbesondere der weiblichen Hauskünste wie Spinnen und Weben, verehrt. Als Göttin Nike wird sie mit Flügeln dargestellt.

Wenn die Engel bestimmte Züge Gottes annehmen, übernehmen sie dennoch keine typisch menschlichen Aktivitäten für die Menschen: ihr Platz ist ein anderer, sie leben in der Gemeinschaft Gottes.

Engel im Neuen Testament

Das Neue Testament kennt viele Engelerscheinungen. Besondere Bedeutung erhalten die Engelerscheinungen, die das Leben Christi umrahmen: sie künden sein Kommen und seine Auferstehung an. Hervorgehoben wird ihre Aktivität bei der Verkündigung an Maria (Lk 1,26–38) und Josef (Mt 1,20–21) zur Hinführung auf die Geburt Christi. Die Hirten werden von den Engeln über die Geburt unterrichtet (Lk 2,9–20), die Sterndeuter werden vermutlich im Traum wie später Josef (Lk 2,13–15) gewarnt, nicht zu Herodes zurückzukehren (Lk 2,12). Engel sind am Grab Christi gegenwärtig, wälzen den Grabstein weg (Mt 28,2–3), verkünden die Auferstehung an die Frauen und laden sie ein, Zeugnis von der Auferstehung zu geben (Mt 28,5; Mk 16, 6–7; Lk 24, 6–7).

Im Leben Christi selbst bleiben sie äußerst diskret. Sie dienen ihm lediglich in seiner Beziehung zu seinem Vater, so nach der Versuchung in der Wüste (Mk 1,13). Ein einziges Mal meldet sich ein Engel bei Christus, um ihn zu trösten (Lk 22,43). Bemerkenswert ist die johanneische Darstellung der nachösterlichen Begegnung von Maria Magdalena zunächst mit den Engeln, dann mit Christus selber: „Die Engel sagten zu ihr: Frau, warum weinst du? Sie antwortete ihnen: Man hat meinen Herrn weggenommen, und ich weiß nicht, wohin man ihn gelegt hat. Als sie das gesagt hatte, wandte sie sich um und sah Jesus dastehen, wußte aber nicht, daß es Jesus war. Jesus sagte zu ihr: Frau, warum weinst du? Wen suchst du?“ (Joh 20,13–15). Die Engel stellen Maria genau die gleiche Frage, wie Christus sie stellt: „Frau, warum weinst du?“ Damit zeigen sie, daß es ihr

Wesen ist, Bote zu sein: sie teilen das, woran sie selbst Anteil erhalten haben, mit, nämlich das Geheimnis Christi.

Christus kennt die Engel, er verwendet sie an besonderen Stellen seiner Predigttätigkeit: sie freuen sich über die Umkehr der Sünder (Lk 15,10), sie schauen stets das Antlitz des Vaters (Mt 18,10), sie sollen das Kommen des Messias ankündigen (Joh 1,33), sie werden mit dem verherrlichten Christus beim letzten Gericht kommen (Mk 8,38 par).

Eine Begegnung besonderer Art stellen die vierzig Tage des Wüstenaufenthaltes Christi dar, in denen der Versucher zu ihm kommt (Lk 4,1–12). Er versucht, ihn anhand der Heiligen Schrift zu überlisten. Christus antwortet ebenfalls jeweils mit einem Wort aus der Heiligen Schrift und legt ihren ursprünglichen Sinn frei. Die Ordnung der Versuchungen, denen er ausgesetzt ist, entspricht dem geistlichen Werdegang des Menschen zu Gott hin: Die erste Versuchung betrifft die äußeren Güter, die den Leib unmittelbar betreffen, die zweite die äußeren Güter, die mit dem Besitz zu tun haben, die dritte den Hochmut, sich mit Gott anzulegen und ihn zum Handeln zu zwingen. Dem Verständnis des geistlichen Kampfes liegt wohl diese Ordnung zugrunde. Im *Rituale* wendet sich der Exorzist in einer imperativen Form an den Teufel und zwingt ihn, die Herrschaft Christi über sich anzuerkennen: „Ich beschwöre dich, Satan, Fürst dieser Welt, erkenne die Macht und die Kraft Jesu Christi, der dich in der Wüste besiegt, im Garten überwunden, der am Kreuz deine Beute geraubt und bei seiner Auferstehung aus dem Grab dein Siegeszeichen in das Reich des Lichtes geführt hat“ (RR 1999, Nr. 62). Mit diesen Worten werden die verschiedenen Begegnungen Christi mit dem Versucher angesprochen: Christus steht im Kampf gegen den Versucher der Menschen.

Paulus wird die Beziehung Christi zu den Engeln und Dämonen weiter auslegen. Christus wurde von Gott als Herr über die Engel eingesetzt (Gal 3,19–29). Dies wird der Grund seiner Autorität im Kampf gegen die Dämonen sein. In seinem Auftrag wagt es der Christ, den bösen Mächten eine endgültige Absage zu erteilen und nach Gottes Wegen zu suchen. Für Paulus und die Vätertheologie haben die Engel den Menschen das Gesetz gegeben (Gal 3,19); sie wachen weiterhin darüber, daß das Gesetz befolgt werde. Die zeitliche Unterwerfung Christi unter die Engel (Hebr 2,7; als Unterwerfung unter die Herrschaft der Sünde in ihrer letzten Konsequenz, nämlich den Tod) läßt durch die Freiheit Christi in seinem Verhältnis zum Gesetz und besonders bei seiner Auferstehung eine neue Wirklichkeit zutagetreten: das Reich der Gnade im Glauben an Christus (Röm 3,21–23).

In der Geheimen Offenbarung des Johannes spielen gerade Engel eine zentrale Rolle als Antitypos und Weiterentfaltung der im Ursprung noch unscharf dargestellten Gestalt des Bösen. Was noch im Alten Testament als Einzelerscheinung gilt,[10] erscheint gerade im Zusammenhang des Weltgeschehens als Kriegsstrategie zweier Heere (Offb 12,7–9).

Christus ist wohl der Herr der Heilsgeschichte, in der Gott in ihm (Christus) und durch seinen Engel den Menschen seinen geheimnisvollen Ratschluß in der Form einer Vision kundtut. „Er hat es durch seinen Engel, den er sandte, seinem Knecht Johannes gezeigt" (Offb 1,1). In der Endzeit stehen Engel den sieben Gemeinden *(ekklesíai)* vor und übermitteln an die Menschen die Zurechtweisung und die Einladung Gottes zur Umkehr, der das Leben schenken will (Ez 18,23).

Nach der Eröffnung des siebten Siegels (vgl. Offb 8,1) vollstrecken sie die Beschlüsse Gottes: sie blasen in die Posaunen, um das Gericht anzukündigen,[11] und breiten Schrecken aus als Zeichen der eschatologischen Vergeltung: glühende Kohle wird vom Altar, dem Ort der Heiligkeit, genommen und auf die Erde geworfen (Offb 8,5). Geordnet wie im Kampf reihen sich die Engel auf, um in ihre Posaunen zu blasen und die entsprechenden Strafen zu vollziehen. Die Parallele wird um so existentieller, wenn man die Gründe untersucht, warum ein liebender Gott plötzlich so auf seine Geschöpfe loslegt.[12] An Aktualität hat jener Kampf keineswegs verloren.[13]

Engel in der christlichen Kunst

Frühchristliche Kunst

Die frühchristliche Kunst entfaltete sich vor 313 diskret in kleinen Kreisen, in denen die künsterlischen Mittel begrenzt waren und deren Motive an klassische griechische Muster anknüpften. Die ersten frühchristlichen Kunstwerke stellen Christus als guten Hirten dar. Nach 313 wird der Kirche ein öffentliches Auftreten gestattet. Mit den ersten großen Kirchengebäuden entfaltet sich auch die christliche Kunst, und die Inspirationsquellen vermehren sich. Zahlreiche Motive der heidnischen Kunst werden übernommen, wie z. B. die Idee der tragbaren Ikonen, die dem Hauskult dienten. Einzelne erhaltene Kunstwerke aus der paläochristlichen Zeit verleihen uns einen eindrucksvollen Einblick in die Einflüsse, die die Geisteswelt geprägt haben. Ein nichtchristliches Triptychon aus dem dritten Jahrhundert, aufbewahrt im J. Paul Getty Museum in Malibu (Kalifornien), stellt einen männlichen Toten in der mittleren Tafel dar, umgeben von der Göttin Isis links und dem Gott Serapis rechts. Beide begleiten den Toten auf seinem letzten Weg. Dieser Motiv des Schutzes einer höheren Kraft wird dem Engelkult eine bereits existierende Basis liefern. Zusäzlich zu den Motiven sind die Techniken dieser Bilder auch Vorläufer der christlichen Ikonen.

Die Menschen, die abgebildet werden, werden nicht primär naturalistisch dargestellt, sondern hieratisch: sie drücken bereits eine besondere Geisteshaltung aus, weisen auf eine geheimnisvolle Welt hin, der sie nun angehören und die sie den Beobachter einladen kennenzulernen. Auf einem bemalten Holzbrett (datiert entweder aus dem späten 3. oder aus dem Anfang des 4. Jhs.) in den Königlichen Museen der Schönen Künste in Brüssel aufbewahrt, staunen wir vor zwei großen Gestalten, jeweils von einem ganz kleinen Diener im unteren Eck des Bildes begleitet: rechts der ägyptische Gott Heron der griechisch-römischen Zeit, gefolgt von einem schwarzen Diener, links eine nicht identifizierte syrische Gottheit, ebenfalls von einem Diener gefolgt. Herren und Diener, große und kleine

Geister gehören zu den Mitteln der Darstellung der Götterwelt; die Engelhierarchie hat eine leicht zu erkennende Ahnentafel.

Wie hat sich nun die christliche Engeldarstellung etabliert? Eine im Katharinenkloster am Berg Sinai aufbewahrte Ikone aus dem sechsten Jahrhundert stellt die Muttergottes als thronende Jungfrau dar, mit dem Jesuskind auf dem Schoß sitzend.[14] Sie ist von zwei Männern umgeben, einem reifen mit Bart, einem jungen ohne Bart, beide mit Heiligenschein. Beide tragen ein festliches (priesterliches?) Gewand und ein Kreuz in der rechten Hand. Hinter ihnen befinden sich zwei junge Männer, die ihren Blick nach oben richten. Beide sind mit einer durchsichtigen weißen Farbe dargestellt, tragen einen leichten Herrscherstab in der rechten Hand.

Das Beeindruckende an dem Bild ist seine Komposition. Die Muttergottes und die zwei Männer befinden sich auf einer Ebene. Maria blickt nicht den Beobachter an, sondern die beiden Männer. Trotz seiner bescheidenen Gestalt sticht das Christuskind deutlich hervor, daß sein Heiligenschein in scharfem Kontrast steht zu den dunklen Gewändern seiner Mutter und der zwei Männer. In der Mitte des oberen Teiles des Bildes, zwischen den zwei lichtvollen Gestalten, kommt ein Lichtkegel über Maria herunter. In diesem Lichtkegel ist eine nach unten hin weisende Hand dargestellt.

Die zwei menschengleichen Engelgestalten bilden die dritte Ebene des Bildes. Durch ihren Heiligenschein werden sie als zur Welt der Erlösten gehörend dargestellt und stellen eine Art Fluchtpunkt aus dem Bild her, der nach oben verschwindet, ausgehend von der Festigkeit der Beziehung der Mutter zum Kind, geborgen unter dem Schutz der beiden Männer. Sie scheinen auf beiden Schultern Flügel zu tragen. Diese lichtvollen Gestalten tragen zugleich menschliche und göttliche Züge, sie sind bereits Vermittler zwischen Himmel und Erde.

Ikonographie des Ostens im Hinblick auf die Engel

Im Unterschied zur im Westen zunehmenden Trennung von Theologie und künstlerischen Darstellungen theologischer Motive – was zur Verarmung beider führte – gehört die Kunst der Ikonen untrennbar zum Kern der Theologie des Ostens. Aus dem Blick des Schöpfers auf sein Geschöpf als Ebenbild Gottes (Gen 1,27; griechisch *eikṓn)* versteht der Glaube die Notwendigkeit, die Vergöttlichung des Menschen – seine Rückkehr zu Gott – zu fördern. Da Gott sich in der Gestalt eines Menschen gezeigt hat, sollen Bilder, die im Gebet „geschrieben“[15] wurden, geweiht werden und in der Liturgie eine Vorrangstellung erhalten, damit sie die Gläubigen zu Gott zu führen vermögen. Innerhalb der Liturgie tragen die Bilder einen eindeutigen „Botencharakter“. Die zwei Perioden des Ikonoklasmus und die damit verbundenen Konzilien, die abgehalten wurden, um nach einer Lösung zu finden,[16] dienten zweifelsohne der Vertiefung des theologischen Gehaltes der Ikonen.

Vor der großen Wende der systematischen Ordnung der Engelchöre durch Dionysius im sechsten Jahrhundert durchstreifen bereits einzelne Motive von Engeln die Geschichte. Über das im vorausgehenden Abschitt über die ersten Darstellungen der Engel Gesagte hinaus lassen sich in den Kunstschätzen des Katharinenklosters am Berg Sinai zwei andere Bilder entdecken: die drei Jünglinge im Feuerofen und eine Darstellung des Kreuzes, über dem Engel zu sehen sind. Auf der ersten Tafel aus dem sechsten Jahrhundert tragen die drei Jünglinge im Feuerofen ebensolche Heiligenscheine, wie ihn der Engel des Trostes neben ihnen trägt. Dieser befindet sich links im Bild: vor den Füßen der drei Männer hält er einen langen Stab, der am Ende mit einem Kreuz versehen ist, und gebietet damit dem Feuer Einhalt. Dieser Engel trägt bereits Flügel. Seine linke, freie Hand ruht auf der Schulter des Jünglings Hananias und beruhigt ihn. Sein Gesicht schaut nach oben, Gott zugewandt. Seine Füße deuten auf eine lebhafte Bewegung nach rechts hin, die sich bis zum dritten Jüngling bemerkbar macht.[17]

Die Kreuzigungsszene aus dem selben Kloster (7.–8. Jh.) stellt einen aufrecht stehenden Christus am Kreuz dar, der links von Maria links und rechts von Johannes flankiert ist. Unter dem Fuß des Kreuzes sitzen drei Soldaten; über dem Haupt Jesu befinden sich links zwei Engel, rechts einer. Am äußersten linken Rand der Ikone ist ein roter Planet abgebildet, der sich vom Kreuz fortbewegt. Zweifelsohne haben die Engel dieser Szene die Gabe von Gott empfangen, das heidnische Verständnis der Lenkung des Universums (wofür der Planet steht) mit dem christlichen Gedankengut zu vereinbaren (die Gegenwart Christi). Nachdem der hl. Johannes von Klimakus seine *Himmelsleiter* (nach Gen 28,10–19) verfaßt hat, wird jene Thematik in der Ikonenkunst ihren Niederschlag finden. Am Sinai ist eine Ikone aus dem elften Jahrhundert zu bewundern, auf der eine Schar von Mönchen eine Leiter zu Christus erklimmt. Christus winkt ihnen zu. Vis-à-vis von Christus (oben links auf dem Bild) schauen die Engel mit Freude zu, wie die Menschen zum Licht kommen. Unterhalb der Leiter wimmeln kleine schwarze Dämonen herum und sind mit allen Arten von Bögen, Netzen und Seilen am Werk, um die Menschen zum Absturz zu bringen. Sie packen die Mönche am Kopf, um sie ins Verderben zu stürzen.[18]

Als letztes Beispiel der hervorragenden Botenfunktion der östlichen Ikonenkunst soll noch die Trinitätsikone von Andrei Rubljow (um 1410) erwähnt werden, mit der er sich einen nie erlöschenden Ruhm erworben hat.

Beschäftigung mit den Engeln in der Neuzeit

Engellehre?

Die öffentliches Aufsehen erregende Beschäftigung mit den Engeln erhielt mit dem englischer Gelehrten John Dee neuen Schwung. John Dee (1527–1608) war ein Universalgelehrter: Mathematiker, Astronom, Astrologe, Geograph, Mystiker und Berater der englischen Königin Elisabeth I. Er empfing ab dem 10. März 1582 in London/Mortlake durch Kristallomantie und Mithilfe des Mediums Edward Kelley (1555–1597) ein henochisches Alphabet zur Bildung einer magischen Sprache und fünf Bücher,[19] die der Engel Uriel ihn anvertraute, um der Menschheit zu dienen. Dee gilt trotz seiner Neigung zur Esoterik bis heute als ernstzunehmender Wissenschaftler.

Auf ähnliche Weise trug Emanuel Swedenborg (1688–1772) dazu bei, die Lehre von den Engeln und ihrem Wirken auf die Menschen ernst zu nehmen. Nach einem Studium der Philologie, Philosophie, Mathematik, Naturwissenschaften und Theologie in Upsalla sowie einer Europareise erhielt er eine Anstellung als Assessor des Bergwerkskollegiums zu Stockholm. Durch verschiedene Erfindungen, insbesondere bei der Belagerung von Frederkishall 1718, wie für seine wissenschaftlichen Studien über Algebra, Kosmologie, Ebbe und Flut wurde er von der Königin Ulrike geadelt. Ab 1740 widmete er sich theosophischen Studien. Aus dieser Zeit entstand seine Auseinandersetzung mit den Engeln, die Immanuel Kant in seinem Buch *Träume eines Geistersehers* (1766) als Unsinn scharf ablehnte. Swedenborgs Sichtweise über die Engel steht auch schwerlich in Einklang mit seinem lutherischen Glauben.[20]

Auch die Engellehre der Esoterik tut sich mit der biblischen Angelologie schwer: Entweder schweift die Darstellung der Engel in eine reine Geisterwelt ab, die nicht mehr zu überprüfen ist, oder sie bringt sie den Menschen so nahe, daß es unmöglich wird, Geister von Menschen zu unterscheiden. Die biblische Engellehre hingegen bemüht sich um einen Mittelweg: Geister sind nicht Menschen, teilen mit aber mit ihnen ein natürliches Schicksal – das der Schöpfung und der ihrer Ordnung – und ein übernatürliches: das des Reiches Gottes und seiner allmählichen Realisierung auf Erden im Zusammenspiel von Erde und erschaffenem Himmel.

Entstehung des Satanismus

Unter Satanismus wird „die Anbetung oder die Verehrung der in der Bibel als Satan oder Teufel bezeichneten Gestalt durch organisierte Gruppen in der Form von Bewegungen, durch wiederholte Praktiken kultischer oder liturgischer Natur" verstanden.[21] Der entpersonalisierte Begriff des „Satanismus" hat seinen geschichtlichen Ursprung in den bruchstückhaft dokumentierten Kulten der Hexen und ihrer Prozesse im ausgehenden 16. Jahrhundert. Als Reaktion auf einen überall herrschenden christlichen Glauben entfalten sich Alternativversuche der gnostischen Deutung der Welt: Esoterismus und Magie (John Dee in England), Satanspakte, um Gott zu trotzen. Nach einer langen, bruchstückhaft zu rekonstruierenden Geschichte[22] entsteht 1523 im Auftrag von Papst Leo X. das *Liber sacerdotalis* von Alberto Casteallani als erstes Ritual für Exorzisten, zuletzt als *Römische Rituale* von 1614.[23]

Den Hexenprozessen des 16. Jahrhunderts folgen bald Prozesse von Besessenen. Der Unterschied beider liegt in der Ortung der dämonischen Kräfte, für die Hexe in der *willentlichen* Zusage zum Satan, für den Besessenen im *unwillentlichen* Erliegen. In den Anfängen lassen sich noch keine Zusammenhänge zwischen den beiden Phänomenen bei ein und derselben Person feststellen. Bald schon hatte die Inquisition diesen Zusammenhang hergestellt. Zuletzt sollte die Bulle *Summis desiderantes affectibus* Innozenz' VIII. von 1484 ihn besiegeln. Im 17. Jahrhundert haben Frankreich,[24] Italien[25] und England[26] ihre berühmten ersten Fälle des erwiesenen Satanismus.

Zwei Faktoren werden das öffentliche Interesse für Engel und Dämonen in den Hintergrund treten lassen. Mit der Reformation brechen neue brisante kirchenpolitische und theologische Fronten auf; kulturell trägt die neuzeitliche Entdeckung des menschlichen Subjekts und seiner Freiheit dazu bei, daß die Gestalt des Engels in ihre unsichtbare Sphäre zurückkehrt. Im Zuge der Entmythologisierung der Bibel muß das 19. Jahrhundert einen schweren Verlust in der Entfaltung der Engellehre einstecken. Engel werden durch eine strenge Religionskritik im Geist der Aufklärung als „depotenzierte" (entmachtete) Götter der alten Völker begriffen, die auf Umwegen in die Bibel eingedrungen sind. Marien- und Engelerscheinungen werden so in den Bereich des Fabelhaften und der Erbauungslegende abgetan. Eine selbstbewußte Theologie ist der Engel überdrüssig geworden: Für den evangelischen Kirchenhistoriker Carl August von Hase (1800–1890) sind die Engel durch die Subtilitäten der Scholastik zu „metaphysischen Fledermäusen" geworden. Die Aufmerksamkeit der Dichter und Musiker sei ihnen wohl gegönnt, nicht aber das Hauptinteresse des Glaubens. Damit rücken zusammen Engel und Dämonen in den Schatten zurück, den sie als körperlose Wesen gar nicht besitzen...

Das 20. Jahrhundert, das Jahrhundert der Engel

Aufgrund einer Vielzahl von neuen technischen Möglichkeiten und Erkenntnissen weitet die Angelologie im 20. Jahrhundert ihr empirisches Forschungsfeld auf neue Grenzgebiete aus: Tiefen- und Parapsychologie, vergleichende Religionsphilosophie, später sogar UFO-„Forschungen". Der neue individualistische Schwerpunkt des modernen Subjekts bietet auf unerwartetem Wege neuen Raum für eine persönliche Auseinandersetzung mit der Welt des Jenseits. Engel wollen nun erfahren statt abstrakt gedacht werden. Die Kommunikation mit den Toten, die Nahtoderfahrungen der Boom des *Channeling,* der Zauberei, der Hexen, Satanisten und Einweihungsrituale, weitet das Forschungsfeld beinahe *ad infinitum* aus. Seriöse Erfahrungen und einzelne Studien belegen das andauernde Interesse der Kirche für das Phänomen.[27] In den weiteren Kapiteln werden wir eingehend auf einige dieser Versuche zu sprechen kommen.

In der Postmoderne werden die Engel entweder als Rivalen der Menschen,[28] als Fluchtpunkte des menschlichen Horizontes[29] oder sogar als naturwissenschaftliche Hypothese dargestellt.[30] Die eindeutige Gut-Böse-Polarität der Texte, die angeführt werden, ist durchaus überzeugend, um den Kampf darzulegen, zwischen einerseits guten und bösartigen, den Menschen übergeordneten Kräften, andererseits zwischen Menschen als Mischwesen[31] und den reinen Geistwesen.

Nachdem sie von Carl Gustav Jung untersucht wurden, werden nun die Engel prominenten Philosophen wie etwa Michel Serres oder Giorgio Agamben[32] zum Gegenstand ihrer Aufmerksamkeit: für Agamben dienen sie einem politischen Zweck, da sie ohne Ellbogentechnik zu „Beamten des Himmels" erhoben werden. Agamben ist insofern interessant, da er sich auf die Philosophie von Jacob Taubes, Martin Heidegger und Walter Benjamin spezialisiert hat. Walter Benjamin werden wir später als Gründungsvater des Engels der Geschichte begegnen.

Gemäß Gottes Schöpfungsplan waren alle Himmelswesen als gute Engel erschaffen worden. Erst nach dem in der Bibel dokumentierten *Fall* (Lk 10,18; Offb 12,3 und die alttestamentlichen Vorläufer) entstand ein Kampf zwischen den guten und den bösen Engeln. *Warum* sich die bösen Engel einer boshaften Autorität über unsere Welt bemächtigten, obwohl sowohl die Engel als auch die Welt als gut erschaffen wurden, wird in der Bibel nicht erwähnt. Auch das katholische Lehramt bietet kein einschlägiges Material über diesen Sachverhalt: Gott sei Dank läßt sich nicht alles Theologische dogmatisch einfangen; Platz soll auch der Erfahrung der Geschöpfe eingeräumt bleiben. Zum Schluß unserer Erörterungen werden wir das Paradoxon noch eingehend erörtern müssen, warum unsere Kultur offensichtlich das Gewicht zugunsten der bösen Engel legt, während die Theologie der guten Engel stark vernachlässigt wird.

Eine Fülle an Quellenmaterial läßt nun eine Hauptfrage in den Vordergrund treten, die beunruhigend auf das Gemüt wirkt. Haben wir hinsichtlich der Engel ein bloß kulturgeschichtliches Material zum Verarbeiten? Können Engel über eine literarische Gattung noch weiter an Dasein gewinnen? Dürfen sie es?

DIE SCHÖPFUNGSORDNUNG

„Ich sah in ihnen (den Engeln) die wirklichen Ursachen der Bewegung, des Lichtes und des Lebens und jener Grundsätze des materiellen Alls, die wenn sie in ihren Entwicklungen unseren Sinnen begegnen, in uns die Vorstellung von Ursache und Wirkung und von dem, was man die Naturgesetze nennt, erwecken."

John Henry Newman, Erinnerung an die Engel, Freiburg 1986, 61

Die Schöpfungsordung scheint relativ einfach zu sein: ganz oben trohnt Gott, oben wimmeln die Engel, unten krabbeln die Menschen, ganz unten kriechen die Dämonen. Oben und Unten sind, ausgehend von Aristoteles bis hin zu Kant, ontologische oder *a priori* Kategorien der Raumvorstellung, entsprechen der sinnenhaften Wahrnehung des Kosmos durch den Menschen.

Dennoch vermögen sie es nicht, die *Gesamtheit* dieser Ordnung in einer scharfen Art und Weise wiederzugeben. Abgesehen von der kurzen Zeitspanne des menschlichen Lebens auf Erden wohnt kein Geistesgeschöpf (Gott noch weniger) an einem Ort des Himmels oder der Unterwelt: wohl haben Geister eine spirituelle Individualität, sie sind aber durch keinen Körper an den Raum gebunden.

Hinsichtlich der geheimnisvollen Gestalten der Engel steht die biblische Tradition in einem doppelten Verhältnis zu den sie umgebenden Kulturen: einerseits übernimmt sie Züge dieser lichtvollen Gestalten, die zwischen dem Himmelsgott und den Menschen stehen, und eine tatkräftige Funktion übernehmen; andererseits ordnet sie sie zweifach: im Alten Testament treten die Engel als gesandte Boten Gottes auf und bereiten den Menschen, denen sie sich offenbaren, letztlich den Glaubensweg zu Christus, die Selbstoffenbarung Gottes in Person; im Neuen Testament ordnen sich die Engel dem Gottes- und Menschensohn unter, die guten Engel, um ihm zu dienen, die bösen, um seiner heilenden Kraft heftigen Widerstand zu leisten.

Als empirischen Beweis wählen wir eine Geschichte aus, die eine breitere (militärische und politische) Tragweite hat als nur eine Schutzengelgeschichte darzulegen.

George Smith Patton Jr. (1885–1945) war alles andere als ein Träumer. General der *US Army* im Zweiten Weltkrieg, gilt er neben historischen Legenden wie Alexander dem Großen und Napoleon als einer der herausragendsten militärischen Strategen aller Zeiten. Unter seiner Führung errang die 3. US-Armee im Zweiten Weltkrieg schier undenkbare militärische Erfolge, die man sich allein anhand einiger Zahlen vage vorstellen kann: 138 698 Feinde wurden von ihr getötet, 369 703 verwundet, 545 788 Soldaten gefangengenommen.[1] Bei seinen Erfolgen spielen außergewöhnliche Erlebnisse wie Nahtoderfahrungen (im Krieg und danach) und das bemerkenswerte Gefühl, bei tödlichen Gefahren persönlich geführt und beschützt gewesen zu sein, eine nicht zu unterschätzende Rolle.

Im Ersten Weltkrieg war er an der Offensive von Saint Mihiel in den Ardennen vom 12. bis zum 16. September 1918 beteiligt, die einen Wendepunkt im Kriegsgeschehen bedeutete. Mit einer Tankkompanie sollte er einen Hügel erobern. Durch den strömenden Regen waren alle Tanks lahmgelegt. Die Deutschen waren in einer günstigen Lage zu siegen. Zuerst versuchte er mit hundert Fußsoldaten den Hügel einzunehmen; er dürfte einen Bleiregen geerntet haben, das Unternehmen war erfolglos. Da beschloß er, mit nur sechs Soldaten erneut in den Kampf zu ziehen. Über dem Waldrand sah er plötzlich seine Vorfahren erscheinen, allerlei Oberbefehlshaber aus der prachtvollen Militärgeschichte seiner Familie, die ihn genau betrachteten. Diese Vision erzählte er später seiner Tochter. In Anbetracht dieser Vision als der Anwesenheit von Männern seines Blutes, die sich als exzellente Strategen erwiesen hatten, wußte er plötzlich, was er zu tun hatte. Doch nach einigen Minuten waren fünf der sechs Soldaten vom deutschen Feuer zerfetzt; ein einziger

Soldat blieb mit ihm am Leben. Er selbst wurde von einer Kugel schwer an der Hüfte getroffen. Der Soldat, der ihn begleitete, zog ihn in Deckung. Sein Name war Angelo (!). Durch die Vermittlung dieses einen Soldaten konnte er seine Truppen, die sich im Anmarsch befanden, weiter befehligen und den Hügel einnehmen.[2] Dies war die erste von vielen bemerkenswerten Geschichten aus einer beispiellosen militärischen Karriere.

Durch vergleichbare Geschichten scheint die Existenz der Engel zur Genüge empirisch belegt zu sein. Gibt es auch theoretische Beweise zur Existenz der Engel?[3] Ist es zulässig, auf ähnlichem Weg und abgesehen von Belegen für die Existenz des Teufels[4] solche Beweise zur Existenz der Engel zu liefern? Die hier angeführten Beweise sind aus gezielt gewählten Bereichen der modernen Geisteswissenschaften entnommen. Den theoretischen Beweisen sollen die empirischen dazu dienen, an der Überzeugung Descartes' festzuhalten, daß wir die Erkenntnis der Engel nicht aus unserer Vernunft herausreißen können.[5]

• *Kulturgeschichtlicher Beweis*

Im Zuge der Festlegung der existentiellen Stellung des Menschen im Universum konstatiert die Religionsphilosophie in allen Hochkulturen die Existenz von geistigen Wesen. Diese üben eine Vermittlungsfunktion zwischen den Gottheiten und den Menschen aus. Sie melden sich bei Menschen, unterweisen sie über Gott und über ein rechtschaffenes Leben. Der universale (und nicht bloß akzidentell festzustellende) Rekurs der Religionen auf diese Geister läßt auf ihre seinsmäßige Wirksamkeit schließen. Daher lassen sich verfaßte moralische Prinzipien auf die Existenz von diese vermittelnden Geistern zurückführen.

• *Philosophischer Beweis*

In der Natur sind eine Vielfalt und eine Harmonie der Arten zu verzeichnen. Jene Harmonie setzt sich wiederum aus einer Vielfalt von Kausalursachen zusammen, die auf allen Ebenen (physikalisch, moralisch) geordnet aufeinander einwirken. Trotz allerlei Veränderungen in den einzelnen Bereichen bleibt die Gesamtharmonie durch die Zeit aufrechterhalten. Daher kann eine Kausalkette von regulativen Prinzipien angenommen werden, die die Gesamtheit der Natur zielgerichtet steuern.

• *Tiefenpsychologischer Beweis*
Bei Persönlichkeitsspaltungen oder Stimmenhören (Krankheiten, bei denen konventionelle Therapien eine äußerst niedrige Erfolgsquote verzeichnen) bedienen sich Psychotherapeuten mittlerweile der Hypothese von Geistern, die am Krankheitsbild beteiligt sind. Auf rein therapeutischer Ebene sprechen sie diese Geister an, die mit einer eigenen und vom Patienten unterschiedlichen Persönlichkeit auftreten, und helfen ihnen, den Körper der betroffenen Person zu verlassen. Oft erfolgt eine dauerhafte Heilung. Daher darf angenommen werden: Geister sind tatsächlich in der Psyche am Werk.

• *Soziologischer Beweis*
Physisches und moralisches Gut und Böse sind Bestandteile des uns zugänglichen Universums. Die faktische Existenz des Bösen ist unleugbar. Das moralische und politische Übel entwickelt sich, indem es sich an der politischen Geschichte der Menschheit orientiert. Die zielgerichtete Anpassung des Übels kann weder durch Gott noch durch das Zutun von einzelnen Menschen oder Gruppen allein erklärt werden. Daher erscheint die Existenz einer bösen geistigen Macht plausibel, die an der Lenkung der Welt beteiligt ist.

• *Biblischer Beweis*
1300 Jahre begleiten das Entstehen der biblischen Texte. Über die feststellbaren Abwandlungen im Verständnis der Geisterwelt hinaus findet sich in ihnen ein nicht wanderlbarer Kern von Aussagen, der die Existenz von Geistern – als von Gott erschaffen, in dessen und der Menschen Dienst stehend – bejaht. Über eine solche Zeitperiode läßt sich zugleich das Phänomen der Inspiration der Autoren feststellen. Daher ist anzunehmen, Gott offenbare

durch die Jahrhunderte ein und dieselbe Botschaft mittels der Existenz von Geistern, die aus Seiner Liebe entspringen.

Welche Art von Wesen besitzt nun diese fünf Eigenschaften: Universalität ihrer kulturellen Veranschaulichung; Teil der sich fortbewegeden Führung Gottes über die Welt; heilende Wirkung bei der Behandlung von psychisch schwerkranken Patienten; Kausalerklärung für das moralisch Böse auf der Welt; historisch anhaltende Bewährung des Wesens der Geister im Rahmen der biblischen Überlieferung? Die Gestalt der Engel steht mit keinem dieser Elemente in Widerspruch. Vielmehr scheint sie ein brauchbares Instrumentarium der Auslegung von rätselhaften Phänomenen zu liefern.

Mit Herrlichkeit und Pracht: Die neun Chöre der Engel

Als Gott die Welt erschuf, bescherte er ihr einen Abglanz seiner eigenen Vollkommenheit. Da er der Welt als Ganzes weder die Vernunft noch die Liebe als vollständige personale Eigenschaften verleihen konnte, entschloß er sich, in sie einen Abglanz seiner selbst zu legen, seine Schönheit. Harmonie ist die Schönheit einer Ganzheit. Das Schöpfungswerk Gottes besingt stets diese Harmonie; jene spiegelt den Urgedanken, der sie ins Dasein rief, wieder, und führt ihn durch die Gesetzmäßigkeiten der Natur und der Gnade, welche die geistbegabten Geschöfe durch ihre Kreativität hervorrufen, fort. Dieser göttlichen Ordnung fügen sich die Engel.

Biblische Entfaltung der himmlischen Hierarchie

Die Einsicht, die Engelschar bestehe aus verschiedenen Chören, ist so alt wie die biblische Theologie selbst. Das Alte Testament kennt nämlich verschiedene Ränge von Engeln: Seraphim, Cherubim und all die Engeltypen und Bezeichnungen, denen wir bereits begegnet sind. Biblisch verzeichnet ist lediglich eine einzige Seraphimerscheinung, ein Wesen mit sechs Flügeln.[6] Hingegen treten Cherubinen häufiger in Erscheinung: sie hüten den Eingang zum Garten Eden (Gen 3,24), sie stellen den Bund Gottes mit den Menschen dar und bewachen die Bundeslade (Ex 25,18), sie drücken die unmittelbare Herrschaft Gottes über die Welt der Geschöpfe (2 Kön 19,15) aus, sie verkünden die Herrlichkeit Gottes (Ez 10,4) und stehen für die tiefste beschauliche Aktivität der Geschöpfe (Ez 10,5–17). Obwohl sie im Banne der göttlichen Herrlichkeit verharren, leiten Seraphim und Cherubim das Feuer Gottes an die Menschen in Form von glühenden Kohlen weiter (Jes 6,6; Ez 10,6–7), die aus dem Rauchaltar entnommen werden. Gerade in dieser Aktivität, einer liturgischen, findet sich bereits die Grundlage für das zukünftige christliche Motiv der Ikone, lebendiges Channeling zwischen Ewigkeit und Zeitlichkeit.

Das Neue Testament entfaltet viel ausführlicher die Vielfalt der Engelwelt. Die Gemeinschaft Christi mit seinem Vater, seine ewige *Communio* mit Gott, ist der Seinsgrund, auf dem seine Vertrautheit mit den Engeln ruht. Die Nähe des Messias zu den Engeln dient den Gläubigen dazu, sich der Wirklichkeit der Welt der Engel zu vergewissern. Mit der Geburt der Urkirche, die sich den Herausforderungen der heidnischen und der gnostischen Welt ausgesetzt sah, ist die ausführliche Auseinandersetzung eines Paulus mit den Engeln durchaus verständlich. Jener mußte auf eine Weltdeutung zurückgreifen können, die ihm mehr Denkraum ermöglichte als das, was sich seinen fleischlichen Augen bietet. Die Gegenwart Gottes in der Welt läßt sich nämlich nicht nur an Einzeltaten von Menschen festmachen: dabei spielen die Kräfte des Himmels und der Unterwelt mit der Verbreitung des Evangeliums wie der Verfolgungen mit. Gott hat an Christus seine Kraft und Stärke erwiesen, „den er von den Toten auferweckt und im Himmel auf den Platz zu seiner Rechten erhoben hat, hoch über alle Fürsten und Gewalten, Mächte und Herrschaften und über jeden Namen, der nicht nur in dieser Welt, sondern auch in der zukünftigen genannt wird“ (Eph 1,20–21).

Die einschlägigen paulinischen Stellen, die auf eine Ordnung in der Schar der Himmelswesen hinweisen und miteinander eine Siebenzahl der Engelchöre ergeben, sind Kol 1,16; Eph 1,21; Eph 3,10; Röm 8,38–39. Unter dem Einfluß des *Henochbuches,* erst beim ersten Konzil von Nizäa 325 als deuterokanonisch aus dem Schriftkanon entlassen, werden zwei weitere Hierarchien aufgenommen, die aus dem Alten Testament stammen: die Seraphim und Cherubim. Damit sind die neun Chöre biblisch begründet.

Dionysios Areopagita

Unmittelbar setzen sich die Väter mit diesen biblischen Gestalten auseinander, um sie zu ordnen.[7] Als Gründungsfigur der von nun an traditionsträchtigen neunfachen Hierarchie der Himmelschöre erscheint Pseudo-Dionysios Areopagita (* 500). Jener führt in seinem *De Coelesti Hierarchia* (Die himmlische Hierarchie) eine erste systematische Gliederung einer solchen Engelhierarchie an.[8] Er ordnet die von Gott erschaffenen Geistwesen in drei Chöre ein:[9]

Höhere Ordnung der himmlischen Geister	Seraphim, Cherubim, Throne
Mittlere Ordnung der himmlischen Geister	Herrschaften *(dominationes),* Mächte *(virtutes),* Gewalten *(potestates)*
Niedrige Ordnung der himmlischen Geister	Fürstentümer *(principatus),* Erzengel, Engel

„Die Engel nun beschließen die Reihen himmlischer Geister, da sie an letzter Stelle unter den himmlischen Wesen die Eigenart der Engel erlangt haben. Und sie werden mit mehr Recht als die höheren von uns Engel genannt, weil ihre Hierarchie mit sichtbaren und irdischen Dingen zu tun hat. Denn wir müssen annehmen, daß jene

höchste Klasse ..., die wie in geheimer und hochheiliger Ordnung Gott nahe ist, auf verborgene Weise die heiligen Dinge der zweiten lenkt; die zweite aber, die von den heiligen Herrschaften, Kräften und Mächten erfüllt ist, ist über die Hierarchie der Fürstentümer, Erzengel und Engel gesetzt, offenbarer als die erste Hierarchie, aber verborgener als die folgende; die Ordnung der Fürstentümer, Erzengel und Engel schließlich ist zur Offenbarung über die menschlichen Hierarchien gesetzt: Damit durch diese Ordnung ein Aufstieg zu Gott sei und ein Verkehr, Gemeinschaft und Vereinigung, und damit diese von Gott allen Hierarchien gütig gespendet werde, durch eine gewisse Mitteilung eingeflößt werde und in heiligster Schönheit ausströme. Daher weist die Theologie unsere Hierarchie den Engeln zu, da sie Michael den Führer des jüdischen Volkes nennt und andere als Führer anderer Völker bezeichnet: Denn der Allerhöchste hat die Grenzen der Völker gesetzt entsprechend der Zahl der Engel."[10]

Da wir keine andere Hierarchie als eine weltliche kennen, ist für uns das Wort Hierarchie irreführend. Gerade an diesem Punkt setzt das resolute theologische Unternehmen von Dionysios an: „Unsere Hierarchie ist den himmlischen nachgebildet; sie findet sich darin in stofflichen Gestalten und zusammengesetzte Gebilde übertragen, die unseren Geist zu den Urbildern emporführen sollen".[11] Die Analogie geht von oben nach unten; wir sind Abbilder und keine Exemplare. Irdische Bürokratie wird nie vollkommen sein, eher schattenhaft bleiben. Engelhierarchien festzulegen stellt ein denkerisches Experiment dar, die immer prägnante Urstelle zu vertiefen: „Plötzlich war bei dem Engel ein großes himmlisches Heer, das Gott lobte und sprach ..." (Lk 2,13–14).

Die zweite Anmerkung Dionysius' verdeutlicht das Ziel der Aufstellung der Hierachien, den Menschen gottähnlich zu machen.[12] Im Gegensatz zum starren Klang des Wortes „Hierarchie" bilden die himmlischen Hierarchien einen außergewöhnlichen Spiegel der Gott eigenen Natur: ätherisch, lichtvoll, ständig in Bewegung.

Mit Recht tragen alle Chöre den Namen der niederen Stufe des *Engel*-Daseins: der Name fungiert als kleinster gemeinsamer Nenner aller Engel; hingegen besitzen die höheren Engel Eigenschaften, die nur ihnen zu eigen sind. Unangemessen wäre es daher, alle Ordnungen nach den höheren zu benennen. Über das Wesen der einzelnen Chöre (Größe und Eigenart) und über die Art ihres Wirkens vermag der menschliche Geist nicht viel zu sagen. Das Wenige, das ihm im Dunkel erscheint, möge er dennoch durch die Hilfe seiner himmlischen Vorgesetzten darzulegen versuchen.

Aus der Aufteilung der Engelchöre ergibt sich das Verständnis ihrer ontologischen Unterschiede. Die höchste Ordnung steht Gott am nächsten, besteht nur dazu, um Gott zu schauen, und erhält die Kommunikation der göttlichen Ideen ohne jegliche Vermittlung. Jene erste Ordnung erleuchtet die ihr unterlegene zweite Ordnung. Diese hat eine Mittlernatur: das Licht Gottes wird ihr von der höheren Ordnung gegeben, und sie muß sie an die dritte Ordnung weitergeben. Diese zweite Ordnung befiehlt über die allgemeinen Ratschlüsse Gottes und erleuchtet die dritte Ordnung, jene die die besonderen Befehle Gottes ausführt.

Theologie der Engel für Anfänger

Alle wahren Engelgeschichten, die ich sichten konnte, stimmen in einem überein: das Wesen des Engels steht in keinem Vergleich zum Wesen des Menschen. Später werden wir noch darauf eingehen müssen, warum der Schutzengel sich gerne im Hintergrund seines Schützlings aufhält, um im Verborgenen zu wirken.

Welche Persönlichkeit besitzt der Engel? Der Schutzengel ist einzigartig in seinem Sein, feuerartig und abrufbereit.

Wesen der Engel

Der Engel ist einzigartig in seinem Sein

Warum sind Engel erschaffen worden? Die erste Antwort liegt in der Güte Gottes, der in allem identisch mit seinem Wesen ist. Gott *ist* und ist *gut;* seine Güte ist es, sich einem anderen, dem ewigen Sohn, ewig zu schenken. Gott zu sein heißt für ihn feurig sprühende und stiftende Liebe, ein Sichschenken und Sichempfangen.

Gott handelt stets gemäß seiner göttlichen Natur. Seine Natur ist personhaft, Logos und Geist. Eine durchaus beeindruckende Art und Weise, den Grund der Erschaffung der Engel zu betrachten, ist, sie gemäß dem Heiligen Geist, dem Geist des Sohnes und des Vaters, zu betrachten.[13] Der Heilige Geist ist die Person, die aus der personhaften Liebe zwischen dem Vater und dem Sohn hervorgeht. Nach ihm sollen die erhabensten Werke Gottes erschaffen werden, nämlich die Engel. Seiner kontemplativen Natur gemäß wendet sich der Engel, dem Heiligen Geist folgend, zusammen mit dem Sohn dem Vater alles Guten zu, dem er sich verdankt und zurückschenkt. Der Mensch ist in seiner Erschaffung anders zu betrachten. Er wurde nach dem Logos Gottes erschaffen und dazu berufen, die Dinge zu benennen (Gen 2,19), indem er sich der Welt bemächtigt, und indem er im liturgischen Kult den ganzen Kosmos auf Gott zurückführt.[14] Liturgie ist ein Teil des Lebens des Menschen. Für den Engel gibt es keine „Liturgie nach der Liturgie",[15] da beide unzertrennbar eins sind.

Der Engel ist ein Wesen, das eine Eigenart besitzt: nicht Gott und nicht Mensch, trägt er dennoch in seinem Wesen die gemischten Züge Gottes und jene des Menschen, göttlich und doch erschaffen. Wie jeder Geist ist er überirdisch, nicht an Zeit und Raum gebunden, da er an keinen Körper gebunden ist und daher unsterblich. Dennoch ist er nicht wie Gott allgegenwärtig, weil er als Geschöpf begrenzt ist. Seine Natur macht ihn zu einer Gestalt, die eine wundersame Vollkommenheit besitzt, auf die wir Menschen mit Recht eifersüchtig sein dürfen: der Engel ist immer in Aktion, begeistert von all dem, was sich im Weltall abspielt. Er funkelt ununterbrochen von der Herrlichkeit Gottes.

Der Engel ist feurig

Je nach wachsender Entfernung zum Wesen Gottes liefert die himmlische Hierarchie das Denkmuster, um das Wesen der Engel zu begreifen: Engel sind Gottschauer, Vermittler des Lichtes (Teile seiner göttlichen Vorsehung und seiner allgemeinen Führung), Ausführer von göttlichen Befehlen in der Natur und bei den Menschen. Sie ähneln der feurigen Natur der Herrlichkeit Gottes und verkünden von Zeit zu Zeit der erstaunten Erde, daß es die unsichtbare Welt gibt. Das Credo von Nizäa-Konstantinopel bekennt: „Wir glauben an den einen Gott, den Vater, den Allmächtigen, der alles geschaffen hat, *die sichtbare und die unsichtbare Welt …*" In jenem Unsichtbaren sind die Engel inkludiert.

Wie erkennen sie? Ohne Vermittlung von Organen, Bildern oder Konzepten nehmen sie die Essenz Gottes direkt wahr, und alles andere durch ihre eigene Natur. Diese Eigenschaft macht sie keineswegs zu Weltmeistern der Nabelschau, im Gegenteil: im Prozeß der Zeit sind sie mit der Lenkung der Gesetzmäßigkeit der Welt betraut, damit jene sich konkret innerhalb des Willens Gottes entfaltet. Gott befiehlt der Natur und ihnen, und sie führen seine Befehle aus. Zu seinen Lebzeiten dienen sie Christus und führen weiterhin die Kirche und die Welt zur Vollendung.

Die Engel als special effects *der Vorsehung: Wie wirken die Engel in unserer Welt?*

Thomas von Aquin nennt ausdrücklich die Engel als Teil der *special effects* des Handeln Gottes an der Schöpfung, und zwar als *effecti (divinae gubernationis) in speciali.*[16] Mittels der vollen Tragweite des modernen Begriffs läßt sich ihr Wirken darlegen.

Der Engel ist abrufbereit

Blitzartig findet sich der Engel an dem Ort, auf den er seine Gedanken richtet. Zieht die Glut der göttlichen Majestät ihn an, so läßt er sich hintragen; steht die Natur in Gefahr, an einer Schlüsselstelle augebeutet zu werden, so findet er einen schmalen Weg, den Menschen darauf hinzuweisen; droht die Menschheit sich zu vernichten, so weiß er ohne Expertenrapport darüber bescheid. Droht sein Schützling im Kampf zu erlahmen, so braucht der Engel weder Ticket noch Steuerknüppel, um zu ihm zu fliegen. Daher rauschen die Engel nicht wie die Jets. Sie sind umweltverträglicher.

Das Leben der Engel birgt ein Rätsel: Sie sind miteinander einer Ordnung eingeschrieben, in der sie sich bewegen. Und dennoch sind sie einsam, extrem einsam; ihre Herzensanliegen teilen sie lediglich Gott mit. Nur wenn Gott es ihnen erlaubt und befiehlt, werden sie mit den Menschen vertrauter. Ein Bedürfnis nach Gemeinschaft gibt es bei ihnen nicht. Sie halten die Ordnung des Universums aufrecht und leben doch als göttliche Einsiedler: jeder sitzt für sich allein in einer edlen VIP-Lounge, von der Exklusivität des Geheimnis Gottes ergriffen.

Durch seinen Körper ist der Mensch ins Dasein geworfen, durch ihn wird er auch von Geistern und Dämonen geplagt. Durch Fleiß, Schweiß, Askese und Tugend erhebt er sich über seinen naturhaften und leibbezogenen Stand hinaus, um seinen Blick nach oben zu richten. Im Verlauf der Geschichte zeigten sich Engel denen gern, die ein engelgleiches Leben wollten. Nicht selten erschienen sie Einsiedlern, die das Wagnis auf sich nehmen wollten, allein mit dem Glauben bewaffnet in den Kampf gegen die Versuchungen und ihren Stifter zu ziehen. Denen, die weiterhin bereit sind, die geistliche Dimension der Ordnung des Universums wahrzunehmen, vermögen sie sich zu offenbaren. Zu derlei Bewußtseinserweiterung lädt eben nicht nur das zeitgenössische Channeling ein: das trotzige und doch so geliebte auserwählte Volk Gottes hatte es bereits 1000 Jahre praktiziert, indem es für die Boten Gottes offen war.

Wenn es darauf ankommt, das Wirken der Engel sachlich zu untersuchen, stehen verschiedene Stränge der Betrachtungsweise nebeneinander. *Für die Theologen* bleibt die Wirkung des Engels im Leben des Menschen eine intellektuelle: der Engel erleuchtet den Menschen, wirkt auf seine Vorstellungskraft und stärkt seine Erkenntnis in besonderen Situationen, ohne die Zweitursächlichkeit der Selbständigkeit seines Verstandesvermögens im geringsten zu beeinträchtigen. *Für die Gläubigen,* und dies ist die Ansicht des Weltkatechismus, leisten die Engel zwei Aufgaben. Sie übernehmen eine konkrete Schutzfunktion für die Menschen, die sich im Handeln zeigt, und dienen nicht lediglich durch Erleuchtung: „Von der Kindheit an bis zum Tod umgeben die Engel mit ihrer Hut und Fürbitte das Leben des Menschen" (KKK 336). Eine weitere Funktion ist jene des *liturgischen Beistandes.* Im Kanon des lateinischen Ritus der Feier der Eucharistie spricht der Priester im ersten eucharistischen Hochgebet: „Wir bitten dich, allmächtiger Gott: Dein heiliger Engel trage diese Opfergabe auf deinen himmlischen Altar vor deine göttliche Herrlichkeit ..." Jener Engel kann als derjenige verstanden werden, dem sich unser Lobopfer anvertraut, um mit unseren Gaben das ewige Lobopfer zu vollziehen, das die Chöre der Engel stets Gott darbieten.[17] In den zwei liturgischen Festen der Engel, der Erzengel Michael, Gabriel und Raphael am 29. September und der Schutzengel am 2. Oktober, weiß sich die Kirche verpflichtet, die zu ehren, die ihr im verborgenen so wertvolle Dienste erweisen.

Maria, Königin der Engel?

Daß Maria die Königin der Engel ist, läßt sich nicht materiell biblisch belegen, sehr wohl aber aus Lk 1,26–38 und Offb 12–15 im Lichte ihrer Rolle im Heilsplan Gottes schlußfolgern. Systematisch erschließt sich ihr Contra-Part gegenüber dem Teufel wie folgt:

- In der Ordnung der Natur ist Luzifer das volkommenste Geschöpf; Maria wurde es in der Ordnung der Gnade;
- Luzifer lehnte seine Unterordnung ab und stürzte ab; Maria nahm sie an und wurde zu Gott erhoben;
- Durch seinen Ungehorsam löste sich Luzifer von Gott ab; durch ihren Gehorsam band sich Maria an Gott;

• Luzifer lehnte die Menschwerdung ab, Maria hieß sie willkommen;
• Indem er Gott ablehnte, stürzte Luzifer, der Geist war, auf Erden; in ihrer Unbefleckten Empfängnis und ihrer Mutterschaft ohnegleichen wurde Maria über die reinen Geister erhoben.[18]

Der Engel des Friedens und der Geschichte

Von ihrem himmlischen Erfinder ist die göttliche Hierarchie keineswegs erdacht worden, um ein unnützigеs Schmuckstück zu bleiben. Hingegen wimmelt der Himmel von Lichtgestalten, die sich zwischen Himmel und Erde bewegen. Je höher ihre Würde, desto kontemplativer ihr Auftrag, je mehr der Erde zugewandt, desto besonderer ihr Auftrag.

Stellen wir uns den Erdenball von oben vor, so wie der Engel über Berlin von Wim Wenders (*Der Himmel über Berlin,* 1987) es sehen würde, wenn er befördert worden wäre, um einen universaleren Auftrag im Dienste der Menschheit zu übernehmen. Wenn Friede und Geschichtsschreibung in dieser Art unter der Obhut von Engeln stehen, dann erhält die Menschheitsgeschichte jene Helligkeit, die eine Landschaft verwandelt, wenn das diffrakte Licht eines Regenbogens auf sie herabfällt. In Colorado in den Bergen unterwegs, konnte ich einmal den Fuß des Regenbogens unter mir am Weg beobachten, 500 Meter unterhalb von meinem Rastplatz. Das grelle und bunte Licht verschärfte so sehr die Farben, daß jedes Steinchen auf dem Weg mir wie lebendig, von innen her beleuchtet, erschien. So etwa betrachten die Engel unsere Geschichte.

Der Engel des Friedens

Verkörpert etwa der Engel des Friedens mehr als eine politisch-theologische Fiktion? Um die Frage zu beantworten, wollen wir uns an den Worte des Engels des Friedens an die Kinder von Fatima orientieren. Bei der ersten Erscheinung sagte er: „Habt keine Angst. Ich bin der Engel des Friedens. Betet mit mir." Bei der zweiten Erscheinung fügte er hinzu: „Bringt alles, was ihr könnt, Gott als Opfer dar, als Akt der Wiedergutmachung für die Sünden, durch die er verletzt wird, und als Bitte um Bekehrung der Sünder! Gewinnt so für euer Vaterland den Frieden! Ich bin sein Schutzengel, der Engel Portugals. Vor allem kommt und tragt mit Ergebung die Leiden, die der Herr euch schicken wird!"

Wie ist diese Bezeichnung „Engel des Friedens" zu verstehen? Ist er etwa der Engel des Friedens wie andere „Engel Gottes" oder „des Herrn" sind (vgl. Ri 13,3.9.21)? Kein Engel kann Gott gleichgestellt werden; dennoch erscheint, handelt und spricht er im Auftrag und im Namen Gottes. Jeder Engel gehört zu Gott als zu seinem Schöpfer. Der Friede qualifiziert den Engel anders, nämlich über die Botschaft, die er den Menschen bringt. Der „Engel des Friedens" knüpft an die biblische Redewendung Gottes und seiner Diener an, die durch eine Tätigkeit gekennzeichnet werden. Ausgehend vom „Ich bin, wer ich bin" (Ex 3,14), streckt sich durch die ganze Bibel der unaussprechliche Gottesname wie ein stiller Sturm aus, der ganze Wälder kahl reißt (vgl. Ps 29, 9), die Erde verzehrt (vgl. Zef 3,8) und die Menschen in seinen Bann zieht. „Ich bin der Herr, der dich aus Ur in Chaldäa herausgeführt hat, um dir dieses Land zu eigen zu geben" (Gen 15,7). Das Johannesevangelium übernimmt dieses Muster der Identifikation eines Subjektes mit seinen Taten: Johannes der Täufer ist „ein Mensch, der von Gott gesandt war" (Joh 1,6), Nikodemus ist „einer aus ihren eigenen Reihen, der früher einmal Jesus aufgesucht hatte" (Joh 7,50), Johannes, der „den Jesus liebte" (Joh 13,23), Maria von Bethanien diejenige, „die den Herrn mit Öl gesalbt und seine Füße mit ihrem Haar abgetrocknet hat" (Joh 11,2).

Im selben Stil fängt Paulus seine Briefe an; mit ähnlichen Worten verstummt auch die Geheime Offenbarung, das erhabene Buch, das die Ratschlüsse Gottes offenlegt: „Er, der dies bezeugt, spricht ..." (Offb 22,20) Eine solche Anrede großer biblischer Gestalten, die mit einem Auftrag verbunden erscheinen, läßt die Majestät Gottes durch unwürdige Diener besser ans Licht kommen. Der Engel des Friedens ist der Engel, der jenen Auftrag ausführt, den Frieden auf Erden herbeizuführen. Dadurch, daß ein solcher Auftrag in allem davon abhängt, wie die Regierungen der Welt miteinander umgehen, muß die Ausführung dieser Sendung des Engels des Friedens einhergehen mit den Bemühungen von Politikern, friedliche Konfliktlösungen zu suchen. Und doch verkündete der Bote den Kindern von Fatima den Zweiten Weltkrieg und die Notwendigkeit des Gebetes: „Wenn man aber nicht aufhört, Gott zu beleidigen, wird unter dem Pontifikat von Papst Pius XI. ein anderer, schlimmerer (Krieg) beginnen."[19] Gott könnte ohne uns in dieser Welt handeln, er zieht es vor, sich unserer Armseligkeit zu bedienen, so daß Hans Jonas in seinem *Gottesbegriff nach Auschwitz*[20] Gott als der Welt anheimgefallen sieht, dem Werden der Geschichte nach menschlichen Maßstäben augesetzt:[21] er ist der in der Geschichte leidende Gott[22] geworden – vor dem jüdischen Hintergrund des Autors in Abgrenzung von der christlichen Kenosis des Gottessohnes.[23]

Christus ist der wahre Friedensfürst (vgl. Mi 5,2–4). Da der Friede gemeinschaftlichen bzw. politischen Charakter hat,[24] kann der Friede in die Welt erst dann anbrechen, wenn diese sich für den Frieden empfänglich macht, d. h. sich um seine Herbeiführung aktiv bemüht. Wie die Erlösung des einzelnen in der historischen und zugleich mystischen Person Christi bereits wesenhaft verwirklicht ist und doch auf die notwendige Zusage des einzelnen angewiesen bleibt, um ihrer Sprengkraft Platz zu verschaffen, so ist auch der von Christus gestiftete Friede eine Gabe, die der Mensch selber darzubringen hat (vgl. Jes 32,16–20), wie die fünf Brote und die drei Fische einer unvergeßlichen Theophanie in Menschengestalt (vgl. Lk 9,13–17). Zu diesem erhabenen Zweck stellt sich der Engel des Friedens dem Friedensfürst zu Verfügung, er erhält als Bote einen wahren Anteil an der Sendung seines Herrn und vermittelt den Frieden.

Der flüchtige Engel der Geschichte

Walter Benjamin hat das Motiv des „Engels der Geschichte" geprägt. Im Sommer 1921 kaufte er das bereits 1920 fertiggestellte Bild *Angelus Novus* von Paul Klee von der Galerie Goltz und stellte es in seinen Arbeitszimmern in Paris und Berlin aus. Dieses Bild wurde für ihn zum wichtigsten „Meditationsbild und Memento seiner geistigen Berufung". Mit ihm durchlief er verschiedene Deutungen, entsprechend den inneren Lebensphasen seiner Seele. Der Engel wurde zunächst zum Boten einer glücklichen Zukunft, dann als Mischwesen zwischen Kind und Menschenfresser, weiter als „Angelus Satanas", und zuletzt 1940 in seiner letzten Schrift als „Engel der Geschichte" aufgefaßt.

„Es gibt ein Bild von Klee, das Angelus Novus heißt. Ein Engel ist darauf dargestellt, der aussieht, als wäre er im Begriff, sich von etwas zu entfernen, worauf er starrt. Seine Augen sind aufgerissen, sein Mund steht offen und seine Flügel sind ausgespannt. Der Engel der Geschichte muß so aussehen. Er hat das Antlitz der Vergangenheit zugewendet. Wo eine Kette von Begebenheiten vor uns erscheint, da sieht er eine einzige Katastrophe, die unablässig Trümmer auf Trümmer häuft und sie ihm vor die Füße schleudert. Er möchte wohl verweilen, die Toten wecken und das Zerschlagene zusammenfügen. Aber ein Sturm weht vom Paradiese her, der sich in seinen Flügeln verfangen hat und so stark ist, daß der Engel sie nicht mehr schließen kann. Dieser Sturm treibt ihn unaufhaltsam in die Zukunft, der er den Rücken kehrt, während der Trümmerhaufen vor ihm zum Himmel wächst. Das, was wir den Fortschritt nennen, ist dieser Sturm."[25]

Die allegorische Interpretation des Motivs des Engels der Geschichte stellt eine theologische Neuigkeit dar: ein Engel stünde im Vorstand der Geschichtschreibung. Trotz theologischer Neuerung ist das kunstgeschichtliche Motiv dieser Allegorie bereits 450 Jahre älter. Peter Vischer der Jüngere (1487–1528) hat in seiner Zeichnung *Fortuna Amoris* – „Das Glück der Liebe" –

einen Eros als jungen beflügelten Mann dargestellt. Ins Weltall geschleudert, hält dieser die Füße noch auf der Erde, hängt an einer Art prämodernem Paragleiter, der an einem Ende an seinen Hüften, am anderen Ende an einem Stab befestigt ist, den er mit beiden Händen hält; der Engel bläst kräftig in dieses Segel hinein. Der Eindruck, der entsteht, ist gewiß der einer gewaltigen kosmischen Bewegung. Allerdings ist auf der Zeichnung nicht klar, ob der Sturm sich von außen (links für den Betrachter) dem Eros aufzwingt und die gebückte Haltung des Körpers erzeugt, oder ob nicht eher das kräftige Ausatmen die Ursache der ganzen Bewegung des Eros, des Segels und der Erde ist. Deutlich sticht hervor, daß das richtige Gegenüber des Eros das Segel ist, das zusammen mit ihm die Welt in Bewegung setzt.

Mag die Kirche auch darüber hinausgehen, den Engel in der reinen Funktionalität eines Archetyps im Sinne von Carl Gustav Jung zu sehen, so wehrt sie sich gleichwohl gegen die Vorliebe der Kabbala und der westlichen Esoterik, ganze Engellisten anzuführen, die Ereignisse und Gemütsverfassung des einzelnen Lebens bestimmten Engeln zuzuschreiben und historische Ereignisse dem Wirken von bestimmten Engeln zuzuordnen, sieht man von Ausnahmen wie den obenerwähnten ab. Dennoch stellt Benjamin eine durchaus neue und schwindelerregende Frage: Gibt es wirklich einen Engel bzw. mehrere Engel der Geschichte?

Eschatologie und Apokalypse

Eschatologie und Apokalypse bilden nun das letzte Wortpaar, das gemeinsam betrachtet gehört. Die *Eschatologie* drückt einen Sachverhalt aus, der unabdingbar ist (gr. *eschaton,* das Letzte); die *Apokalypse* beschreibt ein Geschehen.

In Gott als „überwesentliche und verborgene Gottheit“[26] ist die Frei-Zeit gleichsam *ganz* frei, souverän – Gott ist sich selber Herr, niemand kann über ihn verfügen – und *ganz* Zeit, d.h. die Ewigkeit. Seine Zeit kann er sich frei einteilen, und er kann sich

Zeit gönnen, um seine Freiheit auszuleben. In Gottes Ratschluß besteht Platz für Ordnung und Schönheit, für Hierarchie der Natur und der Gnade, für Engel und Menschen, Platz für Freiheit und Stände, für Erkenntnis und Willensentscheidung. Er ist die ontologische Erstursache und räumt den Naturursachen einen weiteren Platz bei sich ein, indem er sich zurücknimmt – die Kabbala gebraucht dafür das Bild des *Zimzum,* des Rückzugs in sich selbst oder der Selbstschrumpfung –,[27] damit die Schöpfung sich in ihm einnisten kann. Die Bekehrungsgeschichten, die wir indiskret beobachten werden, tragen eine von der göttlichen Hand verwischte Spur dieser Krümmung nach innen, die in Wahrheit eine Öffnung bedeutet. Gott hatte diese Seelen nicht zu sich gerufen, er hatte sich ihnen aus ihrem Seelengrund heraus geoffenbart.[28]

Die Tatsache, daß manche Engel ja zu sich und nein zu Gott gesagt haben, hat eine Unordnung im Gesamtgetriebe hervorgerufen. Die nun böse gewordenen Engel stehen dem ursprünglichen Plan der Harmonie im Wege. Weil die Unordnung zwischen Gott und Geschöpfen nicht nur physischer, sondern moralischer Art ist (daher die Unterscheidung von diesen zwei Arten von Übeln[29]), ensteht auch moralisches Übel unter den Geschöpfen wie die Strukturen der Sünde oder die zeitlichen Strafen. Dies zu deuten gehört zur Kunst des geistigen Kampfes in der Welt. Als mündiger Mensch darf der Christ einerseits ohne Scheu die Sachen beim Namen nennen, andererseits muß er sich davor hüten, voreilig unvollkommene Sachverhalte aus dieser Welt zu verteufeln, wenn kein eindeutiger Grund vorliegt.

SCHATTENWESEN

„So lieb' ich dich. Doch bist du heut gewillt,
Ein neuer Stern aus Schatten, neblig fahlen,
Mit deinem Glanz vor Toren hell zu prahlen,
So funkle Dolch, dein Sehnen sei gestillt! (...)

Sei, was du willst, sei Nacht, sei rosiges Glühn;
All meine Fibern fühl ich nach dir beben:
Mein König Belzebub, dein ist mein Leben!"
CHARLES BAUDELAIRE, „DER BESESSENE", IN: DIE BLUMEN DES BÖSEN

Aus einem göttlichem Licht heraus geben uns einzelne Bibelstellen schattenhaft davon Kunde, wie die Engel ins Dasein traten. Sie legen es nahe, daß die Engel in der Zeit der Schöpfung vor den Menschen erschaffen wurden. Hiob nennt sie als Gottessöhne, zusammen mit den Sternen: „Wohin sind ihren Pfeiler eingesenkt? Oder wer hat ihren Eckstein gelegt, als alle Morgensterne jauchzten, als jubelten alle Gottessöhne?" (38,7) Die jüdischen apokalyptischen Texte hatten Bezug auf die zeitgenössischen politischen Ereignisse genommen und sie in einem bestimmten eschatologischen Rahmen gedeutet.[1] In der Offenbarung des Johannes betrachtet nun der Seher die Vollendung der vielschichtigen Schöpfungsgeschichte im Bild eines gewaltigen Kampfes: „Ein anderes Zeichen erschien im Himmel: ein Drache, feuerrot, mit sieben Köpfen und zehn Hörnern und mit sieben Diademen auf seinen Köpfen. Sein Schwanz fegte ein Drittel der Sterne vom Himmel und warf sie auf die Erde herab" (Offb 12,3–4).

Leider ist die Sprache der Bibel viel zu genau, inklusive jene der apokalyptischen Literatur, als daß wir solche Texte nur symbolisch verstehen könnten. „Michael und seine Engel erhoben sich, um mit dem Drachen zu kämpfen" (Offb 12,7). „Der

Drache wurde auf die Erde gestürzt" (Offb 12,9). Nachweislich ist der Teufel 1966 auf die Erde gefallen, und zwar in Nordeuropa. In diesem Jahr entstand in Litauens zweigrößte Stadt Kaunas das „Antanas Žmuidzinavičius Museum". Dessen Stifter gleichen Namens (1876–1966) war ein berühmter litauischer Maler, Professor für Malerei und Volkskunstsammler, insbesondere von 3000 Teufelsabbildungen aus aller Welt. Seine Sammlung übergab er dem Museum. Gott außerhalb der europäischer Verfassung und der Teufel mit Bürgerrecht ausgestattet, veredelt in einem europäischen Museum ... Aus Abscheu sehen wir vorläufig davon ab, weitere Beweise seiner Existenz auf Papier anzusammeln. Er tut es selber „gut" genug im Leben der Erdenbürger.

Belastung durch Geister

In der Geisterwelt spielt sich einiges ab, womit die Vernunft des Menschen sich schwertut: Gruseliges, Dämonisches, Besessenheit und die übliche Landschaft von paranormalen Phänomenen, inklusive das dubiose Gespräch mit den Toten, auf das wir noch zu sprechen kommen werden. Eine nicht unübliche Erfahrung berichten Menschen, gläubig oder nicht, die von Geistern geplagt wurden. Wir fassen im Folgenden eine erschreckende Geschichte zusammen.[2]

Jamsie Z., wurde 1923 in der Kleinstadt Ossining im US-Bundesstaat New York geboren. Ara, sein Vater, war armenischer Abstammung, und seine Mutter Lydia hatte griechische Vorfahren. Aras Beruf war Zimmermann; im Nebenberuf spielte er Klarinette. Zuerst lebten beide, frischverheiratet, in Ossining, nach fünf Jahren zogen sie 1929 nach New York um und lebten in der Lower East Side, dem billigsten Viertel der Millionenstadt.

In seinem zehnten Lebensjahr fiel Jamsies Eltern einmal auf, daß er beim Spazierengehen in der Stadt in manchen Schaufenstern etwas wie ein „komisches Gesicht“ sah, das ihn anstarrte, in Panik versetzte und nach Hause laufen ließ. Dieses Gesicht sah er immer wieder, dann wieder weniger, als er größer wurde. Es gelang ihm nie, anderen dieses Gesicht zu beschreiben. Seinen Eltern sagte er, daß er den Eindruck habe, die Gestalt kenne ihn persönlich. Als er 14 Jahre alt und die Familie in Not war, da Ara nicht genügend verdiente, entschloß sich dieser, als Taxifahrer zu arbeiten. Er wurde einer der 25 000 anonymen Nachtschattengewächse, die die Geschäftsleute und Touristen durch die Großstadt lotsten. Viel mehr Geld kam da nicht ins Haus. Aber Ara entfernte sich spürbar von seiner Frau und seinem Sohn, wurde am Abend immer weniger gesprächig, spielte nicht mehr Klarinette, traf sich nur noch mit anderen Taxifahrern in Kneipen und wurde zuletzt zum Taxifahrer für Hotelgäste, die sich außerhalb der Stadt mit Prostituierten vergnügten.

Einmal am Abend saß Jamsie im Taxi seines Vaters. Mit ihm waren ein Zuhälter und zwei Prostituierte unterwegs. Auf all ihren Gesichtern vernahm er mit Verwunderung jenen „komischen Blick“, dem gegenüber er eine geteilte Haltung einnahm: einerseits lehnte er diese Gegenwart stark ab, andererseits war er von ihr angezogen. Seine Neugier war geweckt. Was war dieser Blick?

In dieser Zeit fiel die Familie in eine noch schwierigere Lage. Ara verdiente immer weniger und begann zu trinken. Lydia traf eine ungeheure Entscheidung, um Geld nach Hause zu bringen, die Jamsie im Blick der in einem schwarzem Leinen verhüllten Ikone der Muttergottes vorgezeichnet sah: Sie fing an sich zu prostituieren und schaffte zunächst frei zwischen der 43. und der 56. Straße der Madison Avenue an. Um 22 Uhr verließ sie das Haus und kam in der Morgendämmerung zurück. Allmählich wurde sie von verschiedenen Bordellen engagiert. Als Jamsie die allmählich auftretende Veränderung im Leben seiner Mutter beobachtete, die sich auf ihrem Gesicht widerspiegelte, bemerkte er immer deutlicher auch bei ihr die Gegenwart jenes unheimlichen Blicks.

Jamsie beendete die Schule und arbeitete als Dienstbote für die Nachrichtagentur NBC. Sein Vater wurde kriminell, beschäftigte sich mit illegalen Pferdewetten; bald wurde er auch in den Drogenhandel verwickelt. Der Bedarf der 20 000–25 000 Drogenabhängigen New Yorks war kaum zu stillen. Ara nahm stark ab und wurde zu Hause unausstehlich, weil er immer unkontrollierter in Zorn ausbrach und schließlich in eine schwere Depression fiel. Eines Abendes im Jahr 1939 kam Ara zitternd nach Hause. Er war schwer betrunken. In der Nacht spuckte er Blut. Am nächsten Tag diagnostizierte der Arzt Tuberkulose. Er war dem Tode nahe. Jamsie hatte Schwierigkeiten, seine Mutter ausfindig zu machen, die mehrere Tage nacheinander nicht nach Hause zurückgekehrt war. Er fand sie endlich und brachte sie nach Hause; beide, Mutter und Sohn, warteten nun auf den Tod des Vaters. An einem Abend, an dem seine Mutter kurz hinausgegangen war, fühlte sich Jamsie innerlich in der Gegenwart von jemandem … Ara packte am letzten Tag seines Lebens seine Klarinette aus und fing an, die alten Lieder zu singen, bis er vor der verhüllten Ikone stehenblieb, still wurde und einen armenischen Hymnus zur Muttergottes zu spielen begann. Er rang nach Luft, bückte sich nach vorne und hinten, faßte das Leinen vor der Ikone an und fiel mit der Klarinette in der Hand auf den Boden. Er war tot. Der „komische Blick“ hatte sich im Tod von seinem Gesicht verabschiedet. Kurz darauf sagte seine Mutter zu Jamsie, von nun an werde er auf sich gestellt sein. Er fühlte die drohende Einsamkeit, in dieser Millionenstadt allein überleben zu müssen. Ganz tief, in seinem Innersten breitete sich eine Alternative aus: eine leise, noch umbemerkbare Gegenwart bot sich ihm an …

Jamsie baute seine Zukunft auf, er wurde beruflich befördert und führte sonst ein ausgeglichenes Privatleben. Ab und zu meldete sich erneut der Blick. Im Inneren Jamsies war etwas verändert: er fühlte sich mit dieser unbekannten Gestalt vertrauter. Am Arbeitsplatz merkten seine Kollegen, daß er manchmal zu sich selbst sprach. Wenn er allein war, brach er in Zorn aus, riß sich aber zusammen, sobald andere seinen Zustand bemerkten. Eine kurzfristige Beziehung endete mit der Flucht der Geliebten, die seine seltsamen Reaktionen nicht ertrug. Nach zwei Jahren schwerer Arbeit siedelte er nach Cleveland um. An einem Abend ging er zu Fuß nach Hause. Genau in dem Moment, in dem er an den Punkt gelangt war, alle diese unscharfen Bilder, Worte und Gefühle über diesen „Blick" endlich ordnen zu können, schienen seine Gedanken sich wie aus der Dunkelheit der Erinnerung zusammenzutragen und sich in einen langen Band zu formen, das sich aus seinem Kopf in den von Wolken bedeckten Himmel erhob. Bei dem Restaurant angekommen, in dem er das Abendessen einzunehmen pflegte, trat er ein. Im hinteren Teil des Speisesaales saß das „komische Gesicht". Durch das überfüllte Restaurant eilte er zu ihm hin – und fand nur zwei alte Leute, die ihn gleichgültig anschauten. Von da an war ihm klar: es spielte jemand Verstecken mit ihm.

Das Leben ging weiter. Detroit 1951; New Orleans 1953; Kansas City 1955; Los Angeles 1956. 1957 war er in seinem Auto unterwegs von einer Radio Station nach Hause. „California, Here I Come", ein Lied geschrieben von Buddy DeSylva und Joseph Meyer, gesungen von Al Jolson, war im Radio zu hören. Die Worte des Songs schienen sich zu materialisieren und den Himmel über seinem Kopf zu pflastern.

Onkel Ponto

Jamsie drehte das Radio ab. Plötzlich traf sein Blick im Rückspiegel einen anderen Blick, „den Blick". Große, herausstechende Augen, rote Augen. Er war da. Sein Gesicht ließ sich mit nichts Bekanntem vergleichen: seine Hautfarbe war dunkel, ein besonderes Dunkel, so das Jamsie nicht wußte, ob die Erscheinung als weiß- (und sonnengebräunt) oder dunkelhäutig einzuordnen war. Ihre Stirn war breit, das Kinn sehr klein, die Form des Hauptes schien in einer Art Spitze zu enden.

„Das Gesicht war bestimmt lebendig – die Augen grinsten mit Sinn, lachten sogar. Der Kopf bewegte sich langsam und schweigsam. Etwas fehlte aber, etwas, das er sich von einem Gesicht erwartete, das aber dort nicht vorhanden war. Als er in den Eingang zu seiner Garage abbog, hörte er eine Stimme, tadelnd und vertraut, in Tönen, die er sich von einem Eunuch erwartet hätte: „Oh, um Peters willen, Jamsie! Hör auf, dich als Narr aufzuführen! Wir sind schon so viele Jahre zusammen. Sag nicht, du kennst mich nicht." Jamsie fiel auf, daß das auch irgendwie wahr zu sein schien: sie hatten viele Jahre miteinander verbracht. Alles, inklusiv diese Begegnung, schien plötzlich eine ähnliche, seltsame Vertrautheit zu haben. Als das Auto in der Garage ankam, hörte er noch einmal die Stimme: ‚Also, Tschüß, Jamsie! Wir sehen uns morgen. Warte auf deinen Onkel Ponto!'"[3]

In Los Angeles hatte Jamsie eine Zeitlang versucht, von diesem Dämon loszukommen, indem er zu einem Psychiater gegangen war. Nachdem der Psychiater nicht imstande gewesen war, ihm zu helfen, hatte er nach mehreren Monaten erfolgloser Therapie diesen Weg aufgegeben. Mit dem Erscheinen von „Onkel Ponto" brach jetzt die Hölle los. Er war ihm ständig auf den Fersen, begrüßte ihn mit Tricks, redete ihn dauernd an. Onkel Ponto wies zwei konträre Eigenschaften auf: er war zwar kein Mensch, er war aber höchst real, oft zu real. Jamsie konnte ihn sogar riechen: Pontos Gegenwart hinterließ einen undefinierbaren penetranten Geruch, der schon seine Ankunft ankündigte und als nachträglicher Beweis seines Besuches im Raum, an der Radio Station oder im Auto blieb, wenn er bereits verschwunden war. Als Jamsie einmal den Fehler beging und ihn fragte, was er eigentlich von ihm wolle, lautete die Antwort: „Oh, ich will nur bei dir sein, Jamsie! Ich dachte, du würdest nie danach fragen! In Wahrheit möchte ich dein Freund sein. Hast du jemals jemanden gekannt, der so treu und auf dich so aufmerksam ist?"[4] Beide lebten nebeneinander; Ponto ergriff ständig Initiativen, um seinem Schützling seine Zuneigung zu zeigen. Später fragte Onkel Ponto ihn sogar, ob Jamsie ihn heiraten würde! Der bekam eine Gänsehaut ob dieser Eindringlichkeit und des Versuches, von ihm Besitz zu ergreifen.

An einem Abend wurde Jamsie von einer Arbeitskollegin zu einem Abendessen mit einem Freund von ihr eingeladen. Der Freund war Priester, er hieß Pater Mark. Ponto war wütend, als er von der Einladung erfuhr und hielt sich nicht zurück, niedere Witze über die Kollegin und ihren Freund zu machen. Jamsie fühlte plötzlich von innen her in seinem ganzen Körper einen stechenden Schmerz, von unten nach oben, der sich in seine Lungen ausbreitete – er rang nach Luft –, dann bis zu seinem Schädel aufstieg und sein Gehirn zum Schrumpfen zu bringen schien. Ponto lachte ihn aus und sagte ihm, er gehöre ihm schon fast. Aber an diesem Abend löste P. Mark in Jamsie ein solches Vertrauen aus, daß dieser ihm alles über Ponto erzählte. Ein weiterer Abend zu zweit wurde für den nächsten Tag vereinbart. An diesem Tag erzählte Jamsie P. Mark seine ganze Lebensgeschichte. Dieser lüftete ihm das Geheimnis seines bisherigen Lebens: er eröffnete ihm, daß Geister niederen Ranges ab und zu auf Erden auftauchten und versuchten, zu Vertrauten von Menschen, seltener auch von Tieren zu werden. Zu einem Exorzismus war Jamsie dennoch nicht bereit: er würde den Schmerz nicht ertragen, wenn Ponto endgültig aus seinem Leben verschwinden würde. Als Mittel der Verteidigung, wenn Ponto von seinen Gedanken und Vorstellungen Besitz ergreifen wollte, gab ihm P. Mark den Rat, den Namen Jesus Buchstabe für Buchstabe zu beten, den gegenwärtigen Augenblick mit der erlösenden Gegenwart des Heilands zu füllen, nicht mehr und nicht weniger. Kein anderes Hilfsmittel würde sich als so nützlich erweisen, wenn Ponto ihn an den Rand der Verzweiflung und des Selbstmordes brächte.

Jamsie zweifelte zuerst ernsthaft an der Notwendigkeit des Exorzismus, nicht zuletzt deshalb, weil er dann auf die Gegenwart Pontos würde verzichten müssen. War er vielleicht bereits besessen, wenn er so reagierte? Vielleicht wollte P. Mark ihn nur bekehren … Vielleicht würde ein psychologisches Gespräch genügen. Der Psychologe verwies ihn auf den

Psychiater. Mit ihm begann eine Therapie. Der Psychiater war zunächst der Meinung, Jamsie bedürfe einer langfristigen Therapie. Nach sechs Monaten revidierte er seine Meinung: Jamsies Geister seien eine bloße Erfindung. Ponto erschien aber immer noch von Zeit zu Zeit, und Jamsie begann, in sich zwei unterschiedlichen Bewußtseinszuständen wahrzunehmen: sich, seine Gedanken und Gefühle, und die Pontos. Dieser bat ihn eindringlich darum, sogar mit stöhnendem Gesang: „Laß mich rein!" Kurz darauf begann Jamsie, Pontos Stimme mit anderen Stimmen zu vernehmen, als ob eine Versammlung von Geistern sich nähern würde. Ponto bat ihn um die ungeheuerliche Gunst, auch seine Genossen und Verwandten zu Jamsie einzuladen …

Wir brechen hier den Verlauf dieser wahrlich bizarren Geschichte ab, um den Druck loszuwerden. Im Spiegel dieser Geschichte, die als reale berichtet wird, reichen Die *Anweisungen an einen Unterteufel* von C.S. Lewis weit über eine literarische Fiktion hinaus: Es gibt eine Gesellschaft von bösen Engeln (der Oberteufel Screwtape, der Unterteufel Wormwood, der Freund vom Unterteufel …), die sich zusammentun, um die Menschen ins Verderben zu bringen; es gibt eine Ordnung in ihrer Hierarchie, Oberbefehlshaber und einfache Soldaten; es gibt zuletzt eine Hartnäckigkeit in der Strategie der Dämonen. Ihr Ziel ist es, das Innewohnen Gottes im Menschen nachzuäffen und den Menschen seeelisch oder, wenn nicht möglich, körperlich in Besitz zu nehmen.

Wie ging nun die Geschichte weiter? P. Mark führte einen mehrtägigen Exorzismus an Jamsie durch, der in der letzten Nacht in einen schaudererregenden Kampf zwischen P. Mark und dem „Vorgesetzten" von Onkel Ponto, dem Teufel selbst, mündete. Alle anderen Beter, die P. Mark mitgenommen hatte, wurden in dieser Nacht durch einen so schrillen Schrei auf Distanz gehalten, daß sie beinahe den Verstand verloren. Zuletzt verließ Ponto endgültig Jamsie, der von nun an befreit lebte. Da

Jamsie sich bisher gegen das Eingreifen Pontos in sein Leben vehement gewehrt hatte, konnte er ohne gravierende Folgen ein ungestörtes Leben weiterführen.

Der Teufel legt sich mit dem Menschen an

Aus dem Handeln des Teufels läßt sich ein „negativer Katechismus" entfalten. Wir nannten die Eigenschaften der Engel, die ihm die Gottesähnlichkeit verliehen: einzigartig im Sein (ein Sein *in actu* vgl. S. 140), feuerartig (intuitives Erkennen) und abrufbereit (ein Wille, der sich ganz dem zuwendet, was der Verstand erkannt hat). Nun gilt es zu sehen, was der Teufel, der sich gegen Gott aufgelehnt hat, daraus macht, und welche Konsequenzen sich für den Menschen ergeben.

Der Rahmen des Ringens: die Berufung des Geistes

Das Sein als Geist (mit Verstand und Wille ausgestattet, was Engeln und Menschen beschert wurde) bedeutet für das Geschöpf eine zweispurige Bewegung:

- Für den einzelnen selbst: von Gott her das Licht (die Erkenntnis vom Wesen Gottes) zu empfangen und es auf Dauer zu bejahen. Dies wäre ein kontemplatives Leben, die einzige Form des Lebens, in dem die Sättigung von Verstand und Willen ihren Höhepunkt im selben Gegenstand erreicht.[5]
- Für den anderen: seiner eigenen Natur entsprechend der Natur eines anderen zu dienen, nämlich ihm eine Erkenntnis zu vermitteln, die ihn zu einer größeren Liebe Gottes antreibt.

Gegen sein geistiges Dasein vermag sich der Teufel nicht zu wehren.

Die thomistische (klassische) Erklärung der Sünde des Teufels kann folgendermaßen dargestellt werden.

Freiheit im Erkennen
Der Teufel ist, wie jeder Engel, auf das Gute hingeordnet erschaffen worden. Hinsichtlich der natürlichen Ordnung der Dinge, die ihm angemessen ist, kennt der Engel diese Dinge ganz, ohne Unvollkommenheit der Erkenntnis, da seine Erkenntnis intuitiv (und nicht diskursiv durch Räsonieren) erfolgt. Da er ein Geschöpf ist und nicht alles mit derselben Universalität wie Gott kennt, bleibt es ihm überlassen, sich für diesen oder jenen Gegenstand der Erkenntnis zu entscheiden.[6]

Freiheit im Wählen
Andererseits ist er als Geschöpf der übernatürlichen Ordnung nicht gewachsen, da diese Ordnung ihn ganz übersteigt; Zugang zu ihr erhält er wie jedes Geistgeschöpf nur durch die unverdiente Gnade Gottes. In der Zwischenzeit, in der er erschaffen wurde, dem *aevum,* muß er auch diese göttliche Zuordnung der Dinge frei wählen. Von vornherein wollte Gott ihn nämlich nicht zwingen, Ihm zu gehorchen, weil Er ihn mit Vernunft und freiem Willen ausgestattet hatte. Unfreiheit hätte gegen die Weisheit Gottes selber verstoßen, der den Dingen eine eigene Natur verliehen hat.

Natur der Sünde des Teufels
Die einzige Art der Sünde, die der Teufel begehen kann, ist daher, die Wahl zu treffen, als Gegenstand seines Willens ein Gut zu wählen, ohne daß dieses Gut der göttlichen Ordnung untergeordnet sei: sich selbst. Daher nennt der Katechismus zwei Elemente, die zur Sünde der Engel gehören: „Die Schrift spricht von einer Sünde der gefallenen Engel. Ihr ‚Sündenfall' besteht in der freien Entscheidung dieser geschaffenen Gei-

ster, die a) Gott b) und *sein Reich* von Grund auf und unwiderruflich zurückwiesen."[7]

Künste des Teufels

Allgemeine Künste

Die Künste des Teufels leiten sich aus seiner Natur ab und wirken als verkehrte Spiegelung, als Gegenberufung des bereits Dargestellten:

- *Für den einzelnen selbst:* Die *Gnade* erforderte
  - von Gott her die Erkenntnis Gottes zu empfangen und sie auf Dauer zu bejahen;
  - Die *Sünde* des Teufels bestand darin, die Unterordnung des eigenen Lichtes unter das Licht Gottes zu verneinen.

- *Für den anderen:* Die Frucht der Gnade bestand darin,
  - den Verstand eines anderen zu erleuchten, um den Menschen zu einer größeren Liebe Gottes anzutreiben;
  - *Die List des Versuchers* besteht darin, den Verstand eines anderen zu verdunkeln, um das Herz für Gott zu verschließen.

Handlungsweise des Teufels

Die Natur des geistbegabten Geschöpfes veranlaßt es, verschiedene Finalitäten anzustreben:

- *ein eigenes Ziel:* Erkenntnis zu erwerben,
- *ein letztes Ziel:* mit seinem Willen das zu bejahen, was sein Verstand erkannt hat. Da der Mensch „im Werden verhaftet" ist, kann in der Kette der Zwischenursachen, die Einfluß auf den Menschen ausüben, ein anderer Wille ihn zum Guten veranlassen. Mit dieser Erkenntnis kann auch der Geist einem anderen dienen, damit jener in der Liebe zu Gott fortschreiten möge.[8]

Diesem seinem Wesen entsprechend (feuerartig und abrufbereit) handelt der Teufel nicht mehr dem Guten zugewandt, sondern dem Bösen. Die Umkehrung der Berufung des Teufels veranlaßt ihn dazu, durch List (*Versuchung* genannt) eine Erkenntnis über den Menschen zu gewinnen, um ihn

- entweder zu *täuschen* (Auswirkung der List auf den Verstand, der nicht mehr in der Warheit steht) – sein Feuer erwärmt nicht mehr, sondern verbrennt
- oder zu *verderben* (Auswirkung der List auf den Willen des Menschen) – seine gute Impulsivität geht dem Menschen nicht mehr voraus, sondern hängt ihm nach (siehe Onkel Ponto).

Statt dem freien Willen des anderen zu dienen, herrscht der Teufel gewalttätig über einen anderen.

Die sichtbarsten Anzeichen der verborgenen Gegenwart des Teufels (durch sein Wirken) werden daher die *Verwirrung* (Umkehrung der Wahrheit) und die *Gewalt* (Umkehrung der dienenden Liebe) in all ihren Formen (pervertierte Sexualität, Inbesitznahme eines anderen, Anwendung von Gewalt auf politischer Ebene ...). Zu der Verwirrung, die der Teufel stiftet, ist anzumerken, daß er ein Genie hat, seine Spuren zu verwischen, sobald er entdeckt wird: So sind sich die besten Exorzisten darin nicht einig, ob Menschen von Seelen aus dem Schattenreich bedroht werden können oder nicht; ob es böse Geister gibt, die keine verdammten Dämonen sind; ob Satanisten tatsächlich Menschenopfer darbringen oder nicht ...

Besondere Künste

Der Teufel versteht sich auf eine Anzahl verschiedener identifizierbarer Künste, um den Menschen ins Verderben zu stürzen.[9] Sie reichen von äußeren Gegenständen, die in Berührung mit Menschen kommen, bis zur inneren Inbesitznahme des Menschen, aber nie ohne dessen Zutun.

<table>
<tr><th></th><th colspan="3">Bezeichnung des dämonischen oder teuflischen Angriffes</th><th>Beschreibung</th></tr>
<tr><td>gewöhnlicher Angriff</td><td colspan="3">Versuchung</td><td>Angriffe, die über die Fähigkeiten der Seele gehen: Sinne, Emotionen, Vorstellungskraft, Leidenschaften</td></tr>
<tr><td rowspan="6">ungewöhnliche Angriffe</td><td rowspan="2">äußerlich</td><td colspan="2">Belästigung</td><td>Herumfliegen von Gegenständen, Poltergeister, Stöße, Schläge</td></tr>
<tr><td colspan="2">Verheerung</td><td>in Objekten, Häusern oder Tieren</td></tr>
<tr><td rowspan="3">äußerlich und innerlich</td><td colspan="2">Quälerei</td><td>Angriffe, die von Störungen aller Art begleitet sind: Schlaf, Arbeit, Gesundheit, Gefühlsleben, zwischenmenschliche Beziehungen</td></tr>
<tr><td>Obsession</td><td rowspan="2">Umsessenheit</td><td>Zwangsvorstellungen, Selbstmordgedanken, Persönlichkeitsspaltungen</td></tr>
<tr><td>Unterwerfung</td><td>Willentliche Unterwerfung zu einem Dämon unter verschiedenen Einflüssen</td></tr>
<tr><td>persönlich</td><td colspan="2">Besessenheit</td><td>Der Teufel hat sich der Seele bemächtigt und behauptet, sie endgültig unter seiner Macht zu halten.</td></tr>
</table>

Pater Amorth nennt vier Ursachen, durch die eine Seele in den Besitz eines dämonischen Geistes gelangt:

- Eine reine Zulassung seitens Gottes
- Eine Verwünschung, der die Seele passiv erliegt (oder die Weihe eines Kindes im Mutterleib dem Teufel oder einem Dämon)
- Das verstockte Verharren im Zustand der Todsünde
- Das Frequentieren von Orten oder Personen, die unter dem Einfluß des Bösen stehen.[10]

Wie wir es sehen werden, braucht der Teufel weniger als vermutet, um sich einzunisten. Gott ausdrücklich abzulehnen und dabei zu bleiben, ist bereits eine Einladung an den Fürsten der Unterwelt.

Der Teufel zwischen A(llmacht) und O(hnmacht)

Wer ist der Teufel?

Ist Gott die Ursache des Übels? Stellen aus dem Alten Testament scheinen diese Sichtweise zu belegen – „Der Satan trat gegen Israel auf und *reizte David,* Israel zu zählen" (1 Chr 21,1) – „*Der Zorn des Herrn* entbrannte noch einmal gegen Israel, und *er reizte David* gegen das Volk auf und sagte: Geh, zähl Israel und Juda!" (2 Sam 24,1) – und legen also die Vermutung nahe, daß Gott die Ursache des Übels ist. Diese Sichtweise bleibt allerdings bei der Vermutung: im zehnten Jahrhundert vor Christus, der Zeit des Geschehens der beiden zitierten Bücher, kristallisiert sich langsam der Gott der Hebräer als stärker als die Götter der Nachbarvölker heraus. Drei Jahrunderte später kann der Prophet Jesaja nur im Gesamtkontext der Gottesvorstellung verstanden werden: „Ich erschaffe das Licht und mache das Dunkel, ich bewirke das Heil und erschaffe das Unheil. Ich bin der Herr, der das alles vollbringt" (Jes 45,7). Seitdem er den Bund mit Abraham und Mose geschlossen hat, sorgt Gott für sein Volk.

Allmählich nimmt der „Satan" im Alten Testament die Züge *des* Versuchers an; von vornherein ist er ja derjenige, der die Seelen auf die Probe stellt. Im Neuen Testament wird dem Satan die volle Tragweite dessen, der sich in allem Gott widersetzt, zugeschrieben: „Wer die Sünde tut, stammt von Teufel: denn der Teufel sündigt von Anfang an" (1 Joh 3,8). Christus selber lehrte seine Jünger, die persönliche Gegenwart des Teufels wahrzunehmen. Als die Jünger ihn einst darum baten, ihnen das Beten beizubringen, antwortete er mit dem Vaterunser, dessen letzte Bitte die Worte enthält: „Erlöse uns von dem Bösen *(tou ponerou)"* (Mt 6,13); d. h. von dem, der *der* Böse und nicht *das* Böse ist.[11] Die Geheime Offenbarung spitzt den Gegensatz zwischen dem dreifaltigen Gott und den drei *Avatars* des Teufels zu: „Er wurde gestürzt, der große Drache, die alte Schlange, die Teufel oder Satan heißt und die ganze Welt verführt; der Drache wurde auf die Erde gestürzt, und mit ihm wurden seine Engel hinabgeworfen“ (Offb 12,9).

Der Teufel als persönliche Macht?

Eine graphische Darstellung der geistigen Orte, wo die unterschiedlichen Geschöpfe sich aufhalten, kann zur Klarstellung der Tatsache beitragen, daß der direkte Gegner des Teufels nicht Gott sein kann. Der Teufel ist ein Geschöpf und kann nicht gegen Gott als solchen antreten, dessen schöpferische Macht er durch sein eigenes (Gott zu verdankendes) Dasein bejahen muß. Die einzige Möglichkeit für den Teufel, gegen Gott anzutreten, wäre die Selbstvernichtung. Da er aber ein rein geistiges Wesen ist, unterliegt er nicht der Verwesung. Als Rache für den ihm zugemessenen Wirkungsgrad wendet sich der Teufel den Engeln und Menschen zu.

Arten von Wesen	**Geistiger Ort**	**Wirkung**
Gott	Himmel	regiert und liebt
Höhere Hierarchien der Engel	Himmel	loben Gott
Engel	Himmel	dienen Gott und den Menschen
Menschen	Erde	dienen Gott und einander
Dämonen	Hölle	dienen dem Teufel
Teufel	Hölle	herrscht über und unterwirft die Schöpfung

Wie steht Jesus zu den Dämonen? Sie kennen ihn und „glauben an ihn", weil sie ihm im Schöpfungsplan untergeordnet sind. In der Episode der Dämonen, die von Christus vertrieben werden und in die Schweineherde hineinfahren (Mt 8,28–34), um nicht in die Hölle gestürzt zu werden, anerkennen die Dämonen sofort, wer da ist: „Was haben wir mit dir zu tun, Sohn Gottes? Bist du hergekommen, um uns schon vor der Zeit zu quälen?" (Mt 8,29). Zugleich kennt der Teufel das Innerste des Herzens Christi nicht. Wenn er es gekannt hätte, wäre er gar nicht gekommen, um ihn zu versuchen.

Durch seine Predigten und seine persönliche Ausstrahlung angezogen, kommen Menschen von überall her und vertrauen Christus ihr seelisches und leibliches Leid an. Er wird zu einem Arzt für den ganzen Menschen. Er heilt und treibt die Dämonen aus (Mt 8,16), die ihm gehorchen müssen. In der Geschichte von Jamsie versuchte Onkel Ponto, das Vertrauen eines Menschen zu gewinnen. Durch den Exorzismus mußte er jegliche Anbindung an dessen Seele zurücklegen.

In zwei verschiedenen Situationen scheint Jesus konträre Antworten auf die Frage der Autorschaft über die Austreibung der Dämonen zu geben. So antwortet Jesus auf die Bemerkung der Jünger, einer habe in seinem Namen Dämonen ausgetrieben: „Wer nicht gegen uns ist, der ist für uns" (Mk 9,40). An der anderen Stelle spricht Christus mit den Pharisäern über Teufelsaustreibung und sagt: „Wer nicht für mich ist, der ist gegen mich; wer nicht mit mir sammelt, der zerstreut." (Mt 12,30). Das bedeutet: Jesus läßt zu, daß einer seinen Namen verwendet, um den Teufel auszutreiben; was er aber nicht zulassen kann, ist daß jemand sich ihm in seinem Heilungsauftrag widersetzt, das zu seiner Sendung vom Vater gehört.

Diese Vollmacht, Dämonen auszutreiben und Heilungen zu wirken, wird Jesus seinen Jüngern anvertrauen.

Was heißt Besessenheit?

Über die Angriffe des Teufels auf die Menschenseele hinaus, die *Versuchungen* heißen und von außen kommen – oder durch Dämonen, die sich unserer Schwachstellen bedienen und sie als von innen her stammend erscheinen lassen –, unterscheidet die deutsche Sprache zwei Grundbegriffe: die Umsessenheit und die Besessenheit. *Umsessen* ist jemand, der von einem Dämon infestiert wird, der einen Zugang gefunden hat, um bei ihm (in seinem Körper) zu verweilen. *Besessen* ist jener, der mit seiner Einwilligung dem Teufel anheimgefallen ist, und von ihm als aktives (und nicht mehr als passives) Instrument ausgenutzt wird. Auch ein Mensch, der einen Pakt mit dem Teufel geschlossen hat, bleibt frei, aus jenem Pakt herauszutreten, der ihn nie endgültig binden kann. Jamsie war nie besessen, weil er sich immer gegen den wehrte, der ihn aufsuchen wollte, um sich bei ihm niederzulassen.

Zahlreiche Heilige wurden von Dämonen heimgesucht: Antonius, der Pfarrer von Ars, Padre Pio; einige waren sogar umsessen, wie Myriam vom Gekreuzigten Herrn im Karmel von Bethlehem am Anfang des 20. Jahrhunderts. Ohne Einwilligung des Betroffenen können die Dämonen nur den Körper des Menschen direkt befallen und durch ihre Gegenwart im Körper die Seele indirekt stark beeinträchtigen. Da reine Geistwesen im Menschen nicht zu Hause sind (sie werden aber an die zeitlichen und räumlichen Bedingungen dieses Leibes gebunden), ist diese Situation für sie nicht natürlich und wird für den betroffenen Menschen zur Ursache mannigfaltigen Leidens. Gerade wenn er am Tiefpunkt gelangt ist, bietet sich Christus an.

Das katholische *Ritual* des Exorzismus von 1614 sah verschiedene objektive Kriterien einer Besessenheit vor: 1. mehrere Wörter einer unbekannten Sprache sprechen oder, wenn ein anderer spricht, verstehen; 2. entlegene und geheime Dinge offenbaren; 3. Kräfte zeigen, die über das Alter des Betroffenen und seine natürliche Verfassung hinausgehen und dergleichen mehr – Kriterien, die um so gewichtigere Beweise darstellen, je mehr davon zutrifft.[12]

Das neue Ritual von 1999 übernahm diese Kriteriologie mit zwei wesentlichen Präzisierungen: 1. Drei Elemente müssen unbedingt berücksichtigt werden, um die Notwendigkeit des Exorzismus nicht zu verkennen: die Möglichkeit einer psychischen Krankheit; die eigene Einbildung des möglichen Besessenen; die List des Teufels, den möglicherweise wirklich Besessenen vom Exorzismus abzubringen (Nr. 14). 2. Die angeführten Zeichen gelten nur als Hinweise, keineswegs als Beweise. Da aber diese Zeichen nicht notwendigerwseise teuflischer Herkunft sein müssen, muß man auch auf weitere achten, besonders im moralischen und geistlichen Bereich, die auf andere Weise eine teuflische Intervention verraten, z.B. eine vehemente Abneigung gegen Gott, den Heiligen Namen Jesu, die selige Jungfrau Maria und die Heiligen, die Kirche, das Wort Gottes, gegen Sachen und Riten, besonders gegen die Sakramente und heilige Bilder.[13]

P. Gabriele Amorth liefert verschiedene weitere Kriterien, nach denen er im Lauf eines Vorgespräches mit dem Betroffenen im Hinblick auf einen Exorzismus genau fragt, um den Grad des Einflusses der Dämonen festzustellen:

Ursachen

- Ungesetzliche Zustände besonderer Elemente (Ehe, Arbeit, Vermögensverwaltung)
- Fehlende Vergebung in der Familie, besonders wenn eine offensichtliche Ungerechtigkeit begangen wurde
- Bewußter Abfall vom Glauben
- Magische, okkulte, spiritistische Praktiken
- Verwünschungen
- Bewußte Bindungen an den Teufel

Symptome

- Verdrehen der Augen nach oben und unten
- Absorptionsfähigkeit von Menschen und Gegenständen

- Besondere Gaben: Prophezeihung der Zukunft, Enthüllung unbekannter Dinge, Stimmen hören und Visionen empfangen.[14]

Besessenheit kann äußerst selten von vornherein diagnostiziert werden; zur Unterscheidung helfen gewiß ein Psychiater und ein Gebetsteam, das aus unterschiedlichen, erfahrenen Menschen bestehen sollte: je reifer und bodenständiger die Mitglieder sind, desto schwieriger (doch nicht unmöglich) wird es dem Versucher sein, sie alle auf einmal zu überlisten. Der andere Grund der Angemessenheit der Anwesenheit eines Teams beim Exorzismus ist, daß der Exorzismus von seinem Wesen her eine kirchliche Handlung ist, ein Heilszeichen, auch *Sakramentalie* genannt: im Exorzismus spendet Christus sein Heil durch das Gebet der Versammelten. Vor der Feststellung einer Besessenheit deuten Anzeichen darauf hin: Verwandte merken unnatürliche Vorgänge, der Betroffene fühlt sich exzessiv und unerklärbar bedroht. Allein der Exorzismus, über den wir noch zu sprechen kommen werden, vermag ans Licht zu bringen, ob eine Besessenheit tatsächlich vorliegt.

Dämonen austreiben

Ein unerschöpfliches Thema würde die Untersuchung des Verhältnisses des Teufels mit der Musik darbieten, auf das wir verzichten müssen: die Dichtung und die Musik des Teufels. Kenntnisse von *Backmasking*[15] und Satanismus, von *Death* oder *Black Metal*-Musik und Okkultismus sind unvermeidlich für denjenigen, der sich mit Musik und Jugend beschäftigt.[16]

Welchen Platz belegen die Dämonen in uns?

Dreimal habe ich als Priester mit Menschen gesprochen, die sich dem Teufel „geweiht" hatten: sie hatten ihm ihre Seele geschenkt. Den einen traf ich nach einer ersten Begegnung im Kloster auf dem Platz vor der Kathedrale Notre-Dame de Paris wieder, im Frühling und in einem seltsamen Kostüm: von einem ungewöhnlichen Umhang verhüllt, schwarz außen, rot innen, mit einer Aktentasche, die die selben Farben trug. Als Mönch trug ich das graue Gewand meiner Ordensfamilie. Auf dem von Touristen dichtgefüllten Platz gemeinsam spazierend schienen wir beiden wie das Pärchen Nikolaus und Krampus von Ewigkeit her füreinander bestimmt. Passanten holten ihre Kameras aus der Tasche, neugierige Blicke folgten uns, manchmal amüsiert, mitunter sogar von einer unsagbaren Furcht befallen; es war ja kein Hexenball in diesem edlen Bezirk von Paris für die Nachtszene der nächsten Tage angekündigt. Was spielte sich da ab als gruselige Theateraufführung des sichtbaren Kampfes zwischen Guten und Bösen? Auf meine Frage hin, was ihn dazu bewogen hatte, sich dem Teufel zu weihen, antwortete er: „Er gibt mir alles, was ich brauche: Frauen (und Männer) in meinem Bett, Geld in der Gesellschaft, Macht über die Menschen." Auf meine weitere Frage hin, ob Gott so etwas zu schenken nicht vermöge, antwortete er nachdenklich: „Eigentlich macht sich der Teufel leichter spürbar als Gott ..." Da die direkte Macht des Teufels sich lediglich auf stoffliche – und keineswegs auf geistige – Elemente ausrichtet, versucht er dem Menschen von seiner Macht auf diesem Weg zu überzeugen. Ich fragte mich und frage dich nun, Leser: Stimmt eine solche Aussage in deinem Leben?

Was geschieht mit dem, der sich willentlich dem Teufel geweiht hat? Der Teufel ist ja gar nicht fähig, die „Seelenweihe" eines Menschen entgegenzunehmen. Nur Gott, der wirklich im Seelengrund – wie ihn Johannes Tauler und Teresa von Avila nennen – zu wohnen vermag, kann man sich weihen. In diesem Sinne unverfügbar bleibt die Seele auch demjenigen, der dem Teufel in die Hände gefallen ist. Satan wird zwar den Menschen glauben lassen, daß er aus diesem „teuflischen Pakt" nicht heraustreten kann und darf, was aber eine Lüge ist: Der Teufel ist selber ein Geschöpf, der Macht Gottes gegen seinen Willen unterstellt. Letzlich gibt sich der Teufel als der *Fürst* dieser Welt aus, der *Herrscher* bleibt Christus.

Der Begriff der Teufelsaustreibung darf nicht beim spektakulären Charakter des Geschehens verharren. Als die Jünger ihre ersten Exorzismen wirkten, lenkte der Herr ihre Aufmerksamkeit ausdrücklich darauf, daß die Vertreibung des Teufels innerhalb des Gesamtgefüges des Glaubens und des Reiches Gottes als eschatologischem Horizont der Pilgerschaft der Kirche verstanden werden sollte:

„Die Zweiundsiebzig kehrten zurück und berichteten voll Freude: Herr, sogar die Dämonen gehorchen uns, wenn wir deinen Namen aussprechen. Da sagte er zu ihnen: Ich sah den Satan wie einen Blitz vom Himmel fallen. Seht, ich habe euch die Vollmacht gegeben, auf Schlangen und Skorpione zu treten und die ganze Macht des Feindes zu überwinden. Nichts wird euch schaden können. Doch freut euch nicht darüber, daß euch die Geister gehorchen, sondern freut euch darüber, daß eure Namen im Himmel verzeichnet sind" (Lk 10,17–20).

Warum treibt der Exorzismus die Dämonen aus? Durch seine Bindung am Körper, den er infestiert, ist der Dämon während des Exorzismus gezwungen, dem Befreiungsgebet beizuwohnen. Durch das furchtlose Gebet der Kirche, mit der Gnade Christi ausgerüstet, wird jener allmählich geschwächt, er leidet unter den Gebeten, die im Namen Christi und seiner Kirche verrichtet werden und scheidet schließlich vom besessenen Menschen, wenn er den Druck und den Schmerz der einströmenden Gnade nicht mehr ertragen kann. P. Amorth gibt ein beeindruckendes Beispiel der Unterwerfung des Dämons unter die erlösende Macht Christi. Am Ende eines großen Exorzismus betet er mit seinem Team den Hymnus aus dem Philipperbrief (Phil 2,6–11). Dann kniet er sich nieder, zusammen mit seinem Team, „und auch der Besessene ist gezwungen, sich niederzuknien"[17]...

Wer ist befugt, in der Kirche Dämonen auszutreiben? In der strengen Form des sogenannten Großen Exorzismus ist lediglich ein vom Bischof explizit zu diesem Zweck beauftragter Priester dazu berechtigt (CIC 1172 §1). Der Bischof ist *de jure* mit dieser Kompetenz ausgestattet. Den kleinen Exorzismus (von Leo XIII. verfaßt) dürfen heutzutage Laien beten, ohne irgendeine Erlaubnis einzuholen. Viele Gebetsgruppen (ob charismatisch oder nicht) praktizieren das Gebet über Kranke und bitten um Heilung. Manchmal treten erstaunliche Früchte auf. Da in Fällen von Umsessenheit oder sogar (verborgener) Besessenheit große Vorsicht geboten ist, scheint ein solcher Umgang sehr fahrlässig zu sein. Es wurden schon Menschen nach mehrjähriger Ausübung einer solchen erkannten Gabe der Heilung, die dazu noch in einer frommen und christlichen Atmosphäre praktiziert wurde, plötzlich schwer krank, waren sogar eine Woche ans Bett gefesselt, ohne daß ein Arzt feststellen konnte, was los war.

Die Kriterien der Aufrichtrigkeit des Gebetes um Befreieung durch Laien sollte sich an einige Regeln halten: 1. Der einzelne soll gemäß dem Evangelium leben; 2. Der Betende sollte keinen eigenen (v. a. finanziellen) Nutzen durch seine Aktivität erzielen; 3. Der Betende soll nur Mittel anwenden, die von der Kirche erlaubt sind (an diese Vorschrift hielt sich z. B. der mittlerweile exkommunizierte Erzbischof Emmanuel Milingo aus Sambia nicht); 4. Die Früchte solcher Gebete sollen Früchte des Glaubens (gemäß Mt 12,33) sein.[18]

P. Amorth schließt nicht aus, daß auch erfahrene und geschulte Laien um Befreiung bitten können. „So würde die Befreiung in die normale Krankenseelsorge zurückkehren."[19] Es muß auch keine Beschwörung über Personen sein, eine gesunde christliche Therapie würde oft schon Früchte tragen: Evangelisation, Begleitung zum Bußsakrament und zur Eucharistie, asketische Übungen, Teilnahme an Gebetsgruppen. Damit wird das Übernatürliche durch die Gnade in den Rahmen des für den Menschen Tragbaren eingebettet.

WUNDER IM RAHMEN DER NATUR

„Er (Philemon) war mir sozusagen objektiv gegenübergestellt, und ich verstand, daß etwas in mir ist, was Dinge aussprechen kann, die ich nicht weiß und die ich nicht meine, Dinge, die vielleicht sogar gegen mich gerichtet sind."

C.G. Jung, Erinnerungen, Träume, Gedanken, Olten, 1984, 186 ff.

Angesichts mancher Phänomene legt der Mensch besser zunächst alle Denkwerkzeuge beiseite, um sie einfach nur zu betrachten und um sich dann eine vorläufige, bruchstückhafte Meinung zu bilden. Um solche Vorgänge zu untersuchen, ist kein übernatürlicher Glaube notwendig; wenn sie aber nicht auf eigenen Erfahrungen beruhen, ist ein Vertrauen von Mensch zu Mensch nötig, um dem Zeugen eines solchen Berichtes jene Glaubwürdigkeit zu gönnen, ohne die die Untersuchung von vornherein überflüssig wäre.

Ob die Erscheinung von Gesichten, der Mediumismus, Kontakte mit Verstorbenen, die Einwohnung und der Auszug von Geistern auf gewissermaßen medizinische Gründen oder die Wirkweise von Verwünschungen zurückzuführen sind – die Palette des Paranormalen und Unerklärlichen lädt den Neugierigen zu einer schaudererregenden Reise ins eigentlich Unsichtbare ein.

Gesichter aus dem Jenseits

Das Haus von Bélmez

Der Landwirt Juan Pereira Sánchez hatte das Haus Nummer 5 in der Straße Rodríguez Acosta im Dorf Bélmez de la Moraleda in Andalusien gekauft. In den beiden Nachbarnhäuser kreisten Gerüchte von Poltergeistern. Ein Teil der Straße schien auf einem Friedhof aus dem Frühmitteltalter gebaut zu sein. In zweiter Ehe hatte Juan Pereira Sánchez María Gómez Cámara geheiratet; drei Kindern hatten sie das Leben geschenkt.

„Am 23. August 1971 erscheint am Boden der Küche, ganz in der Nähe des Herdes, ein seltsamer Fleck, der sich langsam zu einem Gesicht formt: Auf dem grauen Hintergrund des Zementbodens erscheinen dunklere Linien. María entdeckt sie, als sie sich bückt, um den Topf auf den Herd zu stellen, wie sie es täglich tut. Und da formt sich vor ihren Augen langsam ein fürchterliches Gesicht, das sie anschaut. Vergebens versucht sie es wegzuwischen. Sie ruft ihre Nachbarn, damit die ihr bestätigen, daß sie das Gleiche sehen. Rasch verbreitet sich die Nachricht von dem seltsamen Phänomen, nicht nur im Dorf, sondern in ganz Spanien und sogar im Ausland. Die Nachricht macht Schlagzeilen in zahlreichen Zeitungen und Zeitschriften. Unzählige Hypothesen werden aufgestellt, die das Phänomen zu erklären versuchen, davon einige ohne jeden Wahrscheinlichkeitsgehalt. Einer meint in dem Gesicht eine Abbildung des Heiligen Antlitzes zu erkennen, das in der Kathedrale von Jaén aufbewahrt ist. Eine ganze Woche lang formt sich das Bild weiter. Seine Augen sind weit offen und sehr ausdrucksstark. Ihr Ausdruck versetzt die Familie in Furcht und Schrecken, bis schließlich Miguel, ein Sohn, der noch zu Hause lebte, das seltsame Bild mit einen Pikkel zerschlägt. Dann füllt er das Loch mit Zement. Alles scheint wieder normal zu sein.“[1]

Doch nichts wird in diesem Haus wieder normal werden. Weitere Einzelgesichter erscheinen, werden von der Familie wieder mit Pickel und Schaufel entfernt. Der Unterboden wird untersucht, bestätigt die Existenz des ehemaligen Friedhofes und verrät die Grausamkeit von dunklen Ereignissen: manche Skelette sind geköpft. Die Guardia Civil erhält den Auftrag, das Haus Sánchez Tag und Nacht zu bewachen, um den vermeintlichen Schwindel des heimlichen Malens der Bilder aufzudecken.

Sie stellt einen Wachposten im Haus gegenüber auf und fahndet letztlich vergebens nach nächtlichen Künstlern.

1975 findet eine erste wissenschaftliche Untersuchung statt unter der Leitung von Prof. Germán de Argumosa y Valdés (1920–2007) aus Madrid, dem spanischen Pionier im Bereich der Untersuchung des Paranormalen. Mit zehn anderen Forschern untersucht er den Boden der Küche, Proben werden entnommen. Sie weisen nichts anderes auf als die normalen Bestandteile eines gewöhnlichen Zementbodens.

Prof. Hans Bender[2] leitet zusammen mit Prof. German de Argumosa eine weitere Untersuchung ein, bei der die Tür, das Fenster und der Herd der Küche drei Wochen lang versiegelt werden und auch der Boden mit versiegelten Folien bedeckt wird, um zu verhindern, daß jemand die Gesichter (über)malen kann. Und dennoch: Bei der amtlichen Entsiegelung der Küche drei Wochen später zeigen sich die Gesichter verändert! Das Ergebnis verblüfft und bereitet eine weitere Überraschung vor: auf dem Boden des neuen Zimmers des Hauses, das in der Zeit als Ersatzküche benutzt worden ist, erschienen zum ersten Mal ebenfalls Gesichter. In diesem anderen Raum waren zuvor nie Gesichter erschienen.

In den folgenden Jahren erscheinen mehr als 300 Gesichter, die fotographisch dokumentiert werden.[3] Diese Gesichter scheinen aus verschiedenen Rassen, geschichtlichen Epochen und Lebensaltern zu stammen. Nach einem Identifikationsversuch lassen sich manche Gesichter mit Verwandten der Familie vergleichen, was zu keiner anderen Schlußfolgerung führt als zu dem, was man bereits ahnte, nämlich daß das Phänomen mit der Familie zusammenhängt.

Das Unerklärlichste blieb nach wie vor die Veränderung der Gesichter ohne menschliches Zutun: die neu aufscheinenden Gesichter bedienen sich der Linien der verschwindenden. Mit der Zeit wird nachgewiesen, daß die Züge der Gesichter von der inneren Verfassung von María abhängen: ist sie traurig gestimmt (wie z. B. im Winter), schauen die neuen Gesichter bedrückter als wenn sie freudigen Herzens ist. Die Vermutung liegt nahe, daß María über Mediumkräfte verfügt. Nach ihrem Tod im Februar 2004 stellt sich die Frage, ob neue Gesichter zutage treten werden. Tatsächlich erscheinen bis heute weitere Gesichter.

1975 werden auch Tonbandaufnahmen in der Küche gemacht: Worte, schrille Schreie, primitive Witze und Beschimpfungen ähneln denen in einer Kneipe. Aber auch Schüsse und viele Stimmen stöhnender Kinder sind zu hören, die wie alle Audios der Stimmung der meist finsteren Gesichtern entsprechen.

Gesichtsabdruck oder Ikonostase

Trotz des ungewöhnlichen Charakters solcher Vorgänge befindet sich der Christ keineswegs in einem ganz unbekannten Land. *Praktisch* gesehen liefert eine historisch gut belegte Tradition ein ähnliches Phänomen; *theoretisch* verfügt der Glaube über eine theologische Schiene der Deutung. Zudem verweisen beide auf einander hin.

Das *Bild von Edessa, Abgar-Bild* oder *Mandylion,* taucht zum ersten Mal in der apokryphen Schrift *Doctrina Addai*[4] gegen Ende des vierten Jahrhunderts auf. Dort wird ein Bild vom Antlitz Christi erwähnt,[5] das von Thaddäus, einem Schüler des Jüngers Thomas von Edessa,[6] angefertigt gewesen sein soll, und dem König Abgar überreicht worden sei als Antwort Jesu Christi selbst auf die Bitte des Königs, von ihm geheilt zu werden.[7] Dieses Bild, das *Acheiropoieton* (nicht von Menschenhand gemalt) genannt, wurde zum Urbild der Christusdarstellungen der Ikonographie.

Die theologische Schiene ist jene der Theologie der Ikonen. Aus „Er Christus ist das Bild des unsichtbaren Gottes“ (Kol 1,15) und „Wer mich gesehen hat, hat den Vater gesehen“ (Joh 1,18) entfaltet sich im Frühchristentum die Überlegung, wie die Einzigkeit Gottes durch ein Abbild in Christus dennoch keinerlei Verletzung erleidet. Im vierten Jahrhundert verbindet Gregor von Nyssa den Begriff der *Hypostase* (Seinsgrundlage) mit dem Begriff des *Prosopon* (bisher mit der Bedeutung „Antlitz“ versehen) und schreibt beide Christus zu: „Die Hypostase des Sohnes ist die Gestalt und das Antlitz der vollkommenen Erkenntnis des Vaters.“[8] Gott kann eins sein und es bleiben, und dennoch sich zeigen, ohne etwas von seiner Gottheit einzubüßen. Ausgehend von einem Begriff aus der Technik des Theaters – *prosopon* als Maske, die einen Seelenausdruck verkörpert –, gewinnt die Persönlichkeit, die auf der Bühne auftritt, durch die theologische Überarbeitung des Konzeptes einen metaphysischen Gehalt. Das Gesicht zeigt die ganze Person. Gesichter, die in Bélmez oder anderswo erscheinen, wollen wahrgenommen werden. Wozu? Unsere Untersuchung wird Hinweise darauf liefern.

Der zweideutige Wert des Mediumismus

Die Augen meiner Ziege

In seinem bekanntesten Buch *Die Augen meiner Ziege* berichtet der französische Jesuit Eric de Rosny, wie er in Kamerun den Weg der Initiation unter der Leitung Dins, eines erfahrenen und gutgesinnten *Nganga* (Geistheilers), gegangen ist.

Im Leben von Pater de Rosny entstand der Kontakt mit der Welt der Magie und der Zauberer aus verschiedenen Gründen. Als junger Lehrer in Duala merkte er bald, daß ihm fremde Faktoren im Leben seiner Schüler eine Rolle spielten: Reaktionen, die er nicht einordnen konnte: die Präsenz von Zauberei, aber auch die Verhältnisse zwischen Personen innerhalb der Sippen, die nicht nach westlichen Mustern verliefen. Pater de Rosny wollte den kulturellen Hintergrund seiner Schüler besser kennenlernen, um ihnen im Unterricht besser helfen zu können.

In den geräuschvollen und schwülen afrikanischen Nächten hört er von Zeit zu Zeit eine Musik, die nichts mit den ihm bekannten Familienriten zu tun hat. Ihm wird bestätigt, daß ein Nganga sie spielt. In seiner Nachbarschaft lernt er Din kennen, einen Nganga, dem das *Ndimsi* (die verborgene Welt) offensteht. Dem Nganga enthüllt sich diese mysteriöse Welt sichtbar als ein scharfer Kontrast zwischen den Mächten des Guten und denen des Bösen.

Kurz vor seiner Initiation erfährt Rosny von den Oberen seines Ordens, daß er im Herbst 1975 nach Abidjan umziehen muß, um eine neue Aufgabe zu übernehmen.

Seinem Mentor Din rät man, er solle sich die Initiation eines Weißen, noch dazu eines Priesters, gut überlegen. Diejenigen Zauberer, die die Menschen unter ihrer Kontrolle halten wollen, wehren sich seit Jahren gegen den Dienst, den Din den Menschen erweist. Einige Nganga sind deshalb gegen die Initiation eines weißen Priesters. In der Inkantation, die am ersten Tag der Einweihung von Pater de Rosny an die Ahnen gerichtet wird, betet Din:

„Ich möchte, daß er sieht. Ich bitte darum, daß er sieht, so wie ich sehe. Nichts soll ihm verborgen bleiben. Er möge sehen. Gleich welches Land, Europa (mbenge) *oder andere Gegenden. Er möge sehen. Ich habe keine Angst, weder um ihn noch um mich. Man sagt, daß er mich töten wird. Nun, dann soll er mich doch töten! Er ist mir aber schon mehrfach zu Hilfe gekommen. Nein, er wird mich nicht töten. Einmal, weil ihm verboten sein wird* (mbenda), *mich zu töten. Und weil ich den Tod von Gott erwarte. Er möge sehen, im Guten und im Schlimmen. Er möge sehen. Möge er seine Arbeit unter guten Bedingungen fortsetzen können. Um all das bitte ich im Namen Gottes* (Loba), *der mir die Kraft zu sehen gab."*[9]

Vom 5. bis zum 24. August 1975 findet die Initiation Erics statt. Für eine solche Initiation wird üblicherweise ein Mensch als Sündenbock geopfert: durch seine Opferung tritt er in den Besitz des einweihenden Nganga. Der Nganga Din praktiziert die Initiation grundsätzlich anders: für das Ritual der Einweihung von Eric wird er eine Ziege anstatt eines Menschen verwenden, daher der Name des Ritus und des Buches. Was geschieht nun mit der Ziege? Sie darf von niemandem mehr berührt werden. Sie wird vom Nganga auf ihre Aufgabe vorbereitet und tritt damit in eine andere Daseinsebene: wenn sie stirbt, erhält sie ein

Begräbnis, wie Menschen es bekommen. Eric kauft die Ziege am Markt in der Anwesenheit Dins. Mit einem für diesen Zweck zubereiteten Elixier soll Eric das Haupt und die Augen der Ziege einschmieren und seine Bitte frei aussprechen. Eric sagt: „Ich will sehen, wie Din sieht." Er soll neunmal über die Ziege steigen, um ihr all das Böse, das er in sich trägt, zu übertragen. Als Gegenleistung wird ihm die Ziege ihre Augen geben. Mit diesem Vertrag ist über ihr Schicksal entschieden: sie ist dem Tod geweiht, weil sie das Böse aus dem Menschenherzen auf sich nimmt, und weil sie dem Menschen ihre Augen schenkt. Wie geschieht diese Identifikation, fragt Eric. Din antwortet: „Die Ziege ist all Ihre Mißgunst. Sie ist all das, was in Ihnen böse ist ..." Der Ritus der Identifikation eines Menschen mit einer Ziege ist in Afrika nicht unbekannt (etwa bei den *nagual*-Tieren, die sich in Menschengestalt tarnen), er wird nämlich in einem anderen Kontext verwendet, nämlich dem des Kampfes gegen die Zauberer. P. de Rosny führt aus:

„Für gewöhnlich nimmt die Ziege den Platz eines Menschen ein, der von den Schadenzauberern zum Tode verurteilt worden ist. Auch aus diesem Grund tötet der nganga *sie im Verlauf der Nacht vor den Augen der Familie, in deren Reihen sich unverweigerlich ein Komplize der Schadenzauberer oder diese selbst befinden; denn ‚dein Schadenzauberer ist immer einer der deinen'. In meinem Fall gibt es weder einen Grund, die Ziege zu opfern, noch sie als Speise wem auch immer vorzusetzen, weil ich kein Opfer der Schadenzauberei bin."*[10]

Die Ziege ist in Kamerun ein Haustier, sie lebt unter den Menschen und kann deshalb als einer von ihnen betrachtet werden. Die Identifikation ist hier zwar nicht vollständig, wie in anderen Stammkulturen; es gilt nicht „Die Ziege bist du", sondern lediglich „Die Ziege ist deine bösen Eigenschaften". Nachdem Eric seine bösen Eigenschaften der Ziege übertragen hat, folgen weitere Initiationsriten. Er muß sich mehrere Tage hindurch Tropfen in die Augen reiben und sie auf dem Schädel verreiben, und seinem Meister seine Träume erzählen, die immer mehr die Gestalt eines Kampfes zwischen Gut und Böse annehmen. Die Ziege wird von Din mit denselben Tropfen eingeschmiert.

Was hat sich nun im Leben Erics verändert? „Ich halte auch daran fest, daß ich am frühen Morgen des 24. August mit großer Klarheit gesehen habe. Kühlen Auges habe ich die Gewalt angeschaut. Für den Zeitraum einer Sekunde habe ich, wie in einem Trickfilm übereinanderkopiert, tausend Bilder von den Konflikten dieser Welt gesehen."[11] Die Hellsicht besteht in der Schau der Gewalt zwischen den Menschen. Auf den ersten Blick scheint dieses Ergebnis in keiner Relation zum Aufwand und zur Gefahr der Initiation zu stehen. Aber auf den zweiten Blick zeigt sich die Lage ganz anders. Die Gewalt gehört zutiefst zu den zwischenmenschlichen Beziehungen. Im Alltag leben wir mit Gewaltakten, ohne sie alle zu sehen, obwohl wir manche von ihnen spüren. Der Nganga sieht die Gewalt wie eine Wirklichkeit, die viele Male bereits beobachtet und doch nicht erkannt wurde. Durch seine Hellsicht kann er sie abtragen. Der Fremde sieht sie weniger als der Einheimische, weil ihm die Schlüssel zu vielen sozialen, menschlichen und kulturellen Elementen fehlen, die im Aufbau der Gewalt eine Rolle spielen. Pater de Rosny erfährt dieses Sichtbarwerden der Gewalt nicht in der heftigen Weise, wie es ihm gesagt worden war. Ein Mitbruder, dem er das mitteilt, sieht einen Grund in Erics Dasein als Priester. Der Priester betrachtet die Gewalt als eine ontologische Kategorie: Die Gewalt *ist*. Din hat berufsbedingt einen anderen, praxisorientierten Zugang zur Gewalt: bezahlt und gerühmt wird er dafür, daß er sich mit ihr anlegt und sie besiegt. Die Zauberei spielt in Afrika ein seltsames Spiel, das wir später in Zusammenhang mit den Verwünschungen zu deuten versuchen werden: Wo es Zauberer gibt, scheint sozialer Friede zu herrschen. Diese soziologische Bemerkung reicht nicht aus, um dem Phänomen gerecht zu werden. Der richtige Kampf spielt sich anderswo ab, zwischen Eingeweihten, zwischen Zauberer und Nganga; in der Öffentlichkeit braucht man nicht über diese Kämpfe zu sprechen, die Macht verteilt sich unter den Gleichgestellten …

Beim letzten Besuch bei Din, der sehr krank ist, betrachtet Eric die Ziege: ihre Augen sind beinahe verschlossen. „Von nun an existiert zwischen ihr (der Ziege), die Din als ‚Person' bezeichnet, und mir eine geheiligte Verbindung, und im Augenblick meiner Abreise kann mein Blick zurück auf sie nur ein Blick voller Respekt sein."[12]

Wenige Tage, nachdem der Heiler ihn zum Nganga initiiert hat, fährt Eric de Rosny nach Abidjan. Erst acht Monate später kann er nach Duala zurückkehren. Er erkundigt sich nach den Ngangas, mit denen er zu tun gehabt hatte. Die Nachricht trifft ihn mitten ins Herz, wie ein Schock: Din ist tot, er ist zwei Tage nach der Abfahrt de Rosnys gestorben. Die Tatsache, daß die Initiation aufgrund eines Krankenhausaufenthaltes verschoben worden war – bei dem eine Zirrhose diagnostiziert wurde – zählt nicht soviel wie die Gefahr, die die Initiation eines Weißen mit sich bringt, von der Din von vielen Verwandten und anderen Ngangas abgeraten worden war. In einer Kultur, in der allen Ereignissen des Lebens eine symbolische Bedeutung zukommt, ist dieser unerwartete Tod kein Zufall: Pater de Rosny wird für den Tod des Ngangas Din verantwortlich gemacht. Er besucht den Teil der Verwandten, der sich in Duala aufhält. Sie tragen ihm aber den Tod Dins nicht mehr nach. Vielmehr scheint ein Verwandter dabei die entscheidende Rolle gespielt zu haben.

Eine solche Geschichte bleibt schwer einzuordnen. Pater de Rosny ging diesen Weg der Initiation im Einverständnis mit seinen jesuitischen Oberen, obwohl die Kirche solche Praktiken (hauptsächlich unter Berücksichtigung der verborgenen geistigen Gefahren, denen man sich aussetzt) untersagt. De Rosny betont selber, daß er von Din nur um die Erleuchtung bat, nicht aber um die Einweihung, um selber Nganga zu werden und Heilungen nach traditioneller Art durchzuführen. Zwei Gründe, die er selber für seine Einweihung angibt, traten in den Vordergrund: eine Lebensweisheit zu erlangen, die ihn näher zum kamerunesichen Volk bringen würde, und die Doppelsicht, um wie ein Nachtwächter aufpassen und Lärm schlagen zu können.

Andererseits bleiben solchen Praktiken durch die Vernunft allein nicht zu erklären: niemals wird eine Ziege durch irgendeinen Ritus zu einem Menschen werden. Die Identifikation wird einen bloß symbolischen und rituellen (aber keinen ontologischen) Wert haben.

Woher und wozu der Mediumismus?

Was ist Mediumismus? Woran läßt er sich erkennen? Ist er von sich aus notwendigerweise gut oder böse? Über den Mediumismus ein Urteil zu fällen, ist die Unterscheidung von zwei Ebenen erforderlich: was er ist und wozu er tatsächlich dient.

Was also ist Mediumismus? Er ist eine psychische Kraft des Menschen, seiner Sensibilität zugeordnet, die ihn befähigt, Gegenstände, verborgene Fakten, Situationen, zukünftige Ereignisse wahrzunehmen, die der normal veranlagte Mensch nicht wahrnimmt. Oft bedienen sich Medien der Hilfe von speziellen Praktiken – wie Astrologie, Geomantie, Handlesen, Hellsehen, Numerologie, Pendeln, Radiästhesie, Trance, Wahrsagerei etc. – und Gegenständen – wie Fetischen, Tarotkarten, Kristallkugeln, Tintenkleksen, Kaffeesatz, Kolanüssen, Zauberspiegeln, Kaurischneckenhäusern usw. – um diese psychischen Kräfte zu entfalten.[13] Der Mediumismus kann verschiedene Ursachen haben: Beeinflussung durch Vorfahren, körperliche Verfassung, psychische Veranlagung, Geister, die auf die Seele einwirken, manchmal wohl auch Gott. In seiner Wurzel ist das Mediale ein Naturphänomen: durch seinen Körper steht der Mensch in Verbindung mit der Außenwelt; weil er aber aus Leib und Seele besteht, ist ihm auch die nichtmaterielle Welt zugänglich und er ihr. Letztlich deshalb wird die mediale Veranlagung von gar nicht wenigen Menschen als ganz natürlich empfunden und deshalb für ungefährlich gehalten. Die tatsächliche Wirklichkeit dieser Phänomene ist aber erheblich erschreckender als es scheint, weil ihre Hintergründe viel subtiler sind …

Dem Menschen stehen verschiedene Zugänge zur Wirklichkeit zu Verfügung: sein Körper, seine Sensibilität, sein Geist.

Seine Natur stellt aber eine Ordnung seiner Fähigkeiten dar, in der die niederen den höheren dienen. Der Verstand bedient sich der Sinne und der Vorstellungskraft, um Konzepte zu bilden. Der Wille bedient sich der Instinkte, der Leidenschaften und der Emotionen, um selbstverantwortete Entscheidungen zu treffen. In einer der Natur entsprechend geordneten Menschenseele dient die Sensibilität stets der geistigen Erkenntnis und der Liebe. Der Mediumismus stellt eine deutliche Um- und Unordnung in der Natur des Menschen dar: die Sensibilität wird als bevorzugtes Mittel der Erkenntnis benutzt, um Einfluß auf das eigene oder das Leben eines anderen zu nehmen. Subtil und für den Betroffenen anfangs meist unbemerkbar breitet sich eine Ausrichtung der geistigen Kräfte des Menschen auf ein Zwischenstadium statt auf ein Letztes aus: Sensible statt seinsmäßige Erkenntnis, emotionale statt willentliche Entscheidungen – dabei geht ihm die Finalität seines Geistes unvermerkt abhanden.

Nicht umsonst nennt Joseph Ratzinger den Teufel „eine Macht des Zwischen",[14] die die Unaufmerksamkeit des neugierigen Menschen ausnutzt, um ihn von der letzten und göttlichen Bestimmung seines Lebens wegzuführen. Nicht wenige Spiritisten, die zuerst gläubig waren, weichen bald vom Inhalt ihres Glaubens ab. Kurz darauf legen sie auch die Taten des Glaubens *ad acta*. Der menschliche Glaube an „Botschaften aus dem Jenseits" nimmt schneller als erwartet den Platz der göttlichen Offenbarung ein;[15] die Rückkehr wird mühsam sein. Pater Joseph-Marie Verlinde schildert meisterhaft die theoretischen Hintergründe solcher Praktiken aus dem persönlichen Hintergrund seiner Initiation in den Buddhismus.[16] Die naive Absicht: „Ich tue aber damit nur Gutes" entkräftet keineswegs die Umpolung der Seele auf die düstere Seite dieser Schattenwelt und die häufig listige Inbesitznahme durch unbekannte „Geister". Bei der Unterscheidung der Geister können dem suchenden Christen die Kriterien eines Ignatius von Loyola noch sehr behilflich sein. Die Unbekümmertheit, mit der zahlreiche Teenager Spiritismus als gesellschaftliche Unterhaltung betreiben, bezahlen sie mit einem sehr hohen Preis, zumal sie sich ja in einem Alter befinden, in dem sich gerade erst die Herrschaft der Seele über den Körper entwickelt.

Eine kühne und doch einfache Überbietung des Mediumismus liefert das Gebet. Das Gebet richtet den ganzen Menschen auf Gott hin aus (Anbetung), verwertet die sichtbare Welt (Lobpreisgebet) und die zwischenmenschlichen Beziehungen (Fürbitt-, Dankgebet), um Gott seinen Platz einzuräumen. Der bekehrte Esoteriker verliert seine medialen Kräfte; dabei gewinnt er an Gottes Nähe und an der Beeinflussung der Ereignisse dieser Welt, nicht mehr aber durch okkultes menschliches Zutun, sondern durch Gottes Kraft. Als besonderes Medium, Vermittler zwischen Himmel und Erde,[17] ist der Priester[18] oft mit der Kehrseite dieser Welt konfrontiert: Gewalt, Lüge, Schwäche. Mit den schlichten Werkzeugen der Umkehr, der Buße und der Hinwendung zu Christus fängt der Priester die Seele in ihrer leiblichen Hülle auf und führt sie dorthin, wo sie immer hingehört hatte: zum Herzen Gottes. Mediumismus findet erst im Gottmenschen Jesus ihre christlich vertretbare Vollendung. Einzelfälle der Ausübung des Mediumismus werden in der Bibel von Gott nicht unmittellbar, sondern erst mittelbar bestraft,[19] obwohl das Verbot solcher Praktiken eindeutig ist.[20] Im Tod Christi ist kein Tod mehr als Strafe zu fürchten (wie bei der Inkantation von Din), Gott „hat den, der keine Sünde kannte, für uns zur Sünde gemacht, damit wir in ihm Gerechtigkeit Gottes würden“ (2 Kor 5,21).

Gibt es Verwünschungen?

Ein bekannter Ritualmord ist jener der Ureinwohner Australiens: der „gerichtete Knochen“. Der Ethnologe Herbert Basedow berichtet 1925, welch verheerende Folgen die Verwünschung mit einem *Kundela (pointed bone)* haben kann:

„Die Wangen werden totenbleich, die Augen werden glasig, und der Ausdruck seines Gesichts wird schrecklich verzerrt, wie dasjenige eines Menschen, der von einer Lähmung befallen wird. Er versucht

zu schreien, aber gewöhnlich erstickt der Ton in seiner Kehle, und alles, was man sehen kann, ist Schaum vor seinem Munde. Wenn nicht rechtzeitig Hilfe durch einen Gegenzauber eintritt, von einem Medizinmann ausgeführt, wird der Tod in kurzer Zeit eintreten."[21]

Damit die Verwünschung wirkt, sind mehrere kulturelle Elemente unabdingbar: der Zauberer muß sich seiner Kunst sicher sein, das Opfer muß an die Unmöglichkeit des Entkommens glauben, die Gesellschaft muß diese Praktiken als Teil ihrer eigenen Identität vermitteln. Das Kundela besteht aus einem Menschen- oder Känguruknochen. Er ist an einem Ende spitz, am anderen breit und hat dort ein Loch, in das ein Haarzopf gebunden ist. Das Kundela wird bei einem komplexen Ritual „aufgeladen" und den Kurdaitcha, den rituellen Henkern des Stammes, anvertraut. Es dient ausschließlich drei Zwecken: der Initiation, der Bekämpfung der Feinde und der Bestrafung derjenigen, die gegen die Gesetze des Stammes verstoßen haben. Die Kurdaitcha jagen dem Todgeweihten nach, „schießen" aus der Distanz das Kundela auf ihn ab, begleitet mit einem Schrei der Verwünschung. Dann ziehen sie sich mit dem Kundela zurück und verbrennen es, wenn sie wieder zu Hause sind. Woran der Verwünschte stirbt, ist nicht leicht zu ermitteln: es sind keine äußeren oder inneren Verletzungen erkennbar. Angst spielt gewiß eine wichtige Rolle, so wie die psychische und *symbolische* Verarbeitung der Verwünschung als Schicksal.

Was ist eine Verwünschung? Sie ist eine Tat, welche mit Hilfe des Satans jemandem Schaden zufügt.[22] Okkultismus und Zauberei sind die zwei Hände eines einzigen Phänomens, wie Orthodoxie und Orthopraxie. Der Okkultismus besteht darin, „an die Existenz von Wesen oder Kräften zu glauben, die auf der Ebene der normalen Sensibilität nicht erfahrbar sind, durch die es jedoch möglich ist, mit Hilfe von besonderen Praktiken, die man sich durch Forschung, Initiation oder Übung aneignen kann, alles zu beherrschen."[23] Die Zauberei ist dessen Konsequenz in vielfältigen Formen: Hexerei oder satanische Riten – dabei wird in der Fachliteratur nicht konsequent zwischen schwarzer und weißer Magie unterschieden, da letzten Endes beide durch paranormale Kräfte Dämonen herbeirufen[24] –, Verwünschungen, der böse Blick, der Fetisch und diese letzte Art der Magie lassen sich noch in eine direkte oder indirekte Form unterteilen.[25] Der Kundelaritus läßt sich in die indirekte Form der Verwünschung anhand eines Gegenstandes einordnen, was, wie wir gesehen haben, nicht bedeutet, daß er harmlos ist und nicht zum Tode führen kann.

Die folgende Aufstellung ist insofern hilfreich, weil sie die Grade der magischen Methoden aufschlüsselt. Zugleich enthält die Tabelle eine erstaunliche *Inversion:* je harmloser die Beschreibung (von oben nach unten), desto sichtbarer die Kräfte, die im Spiel sind.

Beschreibung	**Methoden**	**Wirkkräfte**
Schwarze Magie	Schwarze und rote (mit Menschenopfern) „Messen", Riten und Formeln	„böse" Dämonen Geistige Entität
Weiße Magie	Riten und Formeln	„gute" Dämonen Geistige Entität
Verwünschung	Familienbeziehungen Magische Formeln	unwillentliche Unterordnung zwischenmenschlicher Beziehungen
Böser Blick	Blickkontakt	Bindung der Freiheit und des Willens in zwischenmenschlichen Beziehungen
Ansteckende Magie	direkter Körperkontakt Fetisch als Gegenstand, der dem Verwünschten gehört	Physische Inbesitznahme durch Einnahme eines verwünschten Gegenstandes
Nachahmende Magie	indirekter Kontakt, Fetisch als Übertragungssymbol	Antisakrament durch einen Gegenstand

Der Mechanismus, den all diese Praktiken gemeinsam haben, zielt auf die gewalttätige Einflußnahme auf einen anderen. Das läßt sich ethisch und theologisch untersuchen. *Ethisch* besteht das Heiligtum der Person aus ihrem freien Willen. Aufgrund des Einsatzes von Vernunft und Wille kann sich jeder Mensch für das entscheiden, was er als richtig erkannt hat. Jene Dimension ist in ihm transzendental, das heißt unverfügbar. Der Versuch, manipulierend ins Innere einer anderen Person einzugreifen, stellt das Gegenteil jenes Respektes und jener Liebe dar, womit der Mensch im Einklang mit seinem Gewissen einem anderen aus ganzem Herzen zustimmt. Aus dieser Perspektive entpuppt sich die Magie als Anti-Ethik, obwohl die Zauberer sich des Wortschatzes des Guten und des Bösen bemächtigen, die mediale Zugänglichkeit des Menschen aber mißbrauchen. *Theologisch* gilt zudem: Da ein seelischer Einbruch auf natürlichem Weg nicht möglich ist – dazu hat Gott dem einzelnen die Kraft geschenkt, sich im Positiven entscheiden und im Negativen wehren zu können – muß auf andere Kräfte, die höher als der Mensch stehen, rekurriert werden, um dessen Inbesitznahme zu vollziehen. In diesem Sinne kann es keine weiße, also gutartige Magie geben. Selbst die nachahmende Magie praktiziert Riten der hohen Magie, die durch das Verzaubern Talismanen, Amuletten, Essenzen und Mischungen, also Dingen magische Kräfte verleiht. Erst durch das Herabsteigen der dämonischen Kräfte in die Materie wird letztlich die entscheidende Steigerung des geistigen Einflusses des Zauberers auf die Seele des Opfers erzielt.

Können die Toten sprechen?

Die meisten religiösen Traditionen, die von einem Jenseits berichten, zeugen auch von der Einheit der beiden Welten, des Dies- und des Jenseits. Deshalb können die Seelen der Verstorbenen mit uns kommunizieren. Auch das Christentum kennt diese Verbindung, sie hat hier aber einen spezifischen Ursprung und ein entsprechendes Ziel, welche sich vom auferstandenen Christus her erschließen: „Von dort wird er kommen, zu richten die Lebenden und die Toten", sagt das Glaubensbekenntnis von Nizäa-Konstantinopel. Gespenster oder Poltergeister gehören zur Mythologie der meisten Kulturen, auch zur kulturellen Signatur abgelegener Orte. Sie faszinieren Esoteriker und Anhänger okkulter Praktiken. Junge Leute betrachten das Tischerücken oder Herumspielen mit einem *Ouija-Brett* als reizvoll und sehen darin eine Art Initiation zu verbotenen Dingen. Neue Techniken liefern unzählige Methoden, sich mit dem Totenreich „anzufreunden".[26] Schon die Künstlerbewegung des Surrealismus bediente sich gerne des automatischen Schreibens *(écriture automatique)* mit einer *Planchette,* um den Seelenkräften freien Lauf zu lassen. Vergleichbares findet man im Schamanismus und in anderen rituellen Praktiken. Wie lassen sich solche Phänomene erklären? Und welche Seelenkräfte werden da freigelassen? Wer oder was ist da im Spiel? Mit welcher Absicht?

Der Gegensatz solcher Praktiken zum christlichen Glauben ist scharf. Christen lehnen prinzipiell solche Kommunikationsversuche ab und stützen sich dabei auf die Bibel: Das Alte Testament verbietet es, Totengeister zu interviewen oder Verstorbene um Rat zu fragen (Dtn 18,11). Das Neue Testament behält den Weg zur jenseitigen Welt Christus vor, der die Toten erwecken kann und auch seinen Jüngern diese Macht anvertraut (Apg 9,36–43; 20,7–12). Die Esoterik dagegen macht reichen Gebrauch von Versuchen, mit den Toten in Kontakt zu treten.

Kontaktaufnahme mit dem Jenseits

Abgesehen von den Erfahrungen zahlreicher Mystiker, die zusammengetragen, geordnet und herausgegeben wurden,[27] sind die ersten gutdokumentierten Kommunikationen mit dem Jenseits Worte und später Gespräche, die durch moderne technische Medien erreicht wurden. Sie werden *Instrumentelle Transkommunikation* (ITK) genannt.

Der allererste Mensch, der sich durch technische Mittel aus dem Jenseits meldete, war der Jurist Dr. Cosmo Gordon Lang (1864–1945), 1. Baron Lang von Lambeth, Bischof der Church of England. Von 1908 bis 1928 war er Erzbischof von York und später (1928–1942) Erzbischof von Canterbury. Aus seiner Jugendzeit scheint eine mystische Erfahrung von Bedeutung gewesen zu sein: Am Vorabend seines Berufsbeginns als Anwalt im Jahre 1889 hörte er dauernd eine innere Frage: Warum solltest du nicht geweiht werden? Einige Zeit später nahm er am Abendgebet in der Kirche von Cuddeson teil: diesmal hörte er eine innere Stimme, die ihm deutlich sagte: „Du wirst gebraucht. Du wirst berufen. Du mußt gehorchen." Mit heftigem Widerwillen legte er seine vielversprechende Karriere als Anwalt und Politiker nieder und studierte Theologie.[28] Unter seiner Obhut und der des Bischofs von York, William Temple, wurde dann 1937 eine Kommission einberufen, um den spirituellen Mediumismus zu untersuchen. Nach zwei Jahren legten die zwei leitenden Bischöfe der Bischofskonferenz die Ergebnisse der Untersuchung vor. Die Ergebnisse der Studie wurden nie veröffentlicht und *ad acta* gelegt. Durch Schwäche und Krankheit bedingt legte Lang 1942 sein Bischofsamt nieder. 1945 starb er. 1959 meldete er sich bei einer spiritistischen Sitzung und grüßte das Medium, den Klienten (Sidney Woods) und seine Freundin, die gerade dabei waren, die Stimme des Mediums aufzunehmen: „Schönen guten Tag allerseits, ich bin Msgr. Lang." Er diktierte eine 20minütige Botschaft über den Wert und die Gefahren des Spiritismus. Später wurde diese Botschaft sogar über das englische Fernsehen übertragen. Dies war einer der ersten Fälle, bei denen die Stimme hörbar zu dem Zeitpunkt vernommen wurde, zu dem sie auch auf einen Tonträger aufgenommen werden konnte.

Andere Stimmen aus dem Jenseits wurden erst dann entdeckt, als Audioauaufnahmen abgehört wurden. Friedrich Jürgenson (1903–1987) war Maler, Opernsänger und produzierte später Kunstfilme. Er lebte in Stockholm, führte aber auch Ausgrabungen in Pompeji und unter der Basilika Sankt Peter durch, letztere arbeitete er in einen Film ein. Am 12. Juni 1959 nahm er in der Nähe von Stockholm Vogelstimmen auf. Als er seine Aufnahme abhörte, hörte er den lauten Klang einer Trompete, der in eine Art Orchesterklang endete. Eine männliche Stimme erzählte ihm in norwegischer Sprache von Vogelstimmen. Zuletzt erkannte er den Schrei einer Rohrdommel. Er ging von der Interferenz anderer Wellen aus, die sich auf der Wellenlänge seines Aufnahmegerätes bemerkbar gemacht haben mußten. Einen Monat später war er mit einem Bericht über die große Anastasia von Rußland beschäftigt. Er vernahm Stimmen auf russisch, die ihn mit seinem Vornamen ansprachen. Diese Stimmen sagten zu ihm: „Du wirst beobachtet ... Suchen jeden Abend die Wahrheit ..." Während der Aufnahmen konnte er die Stimmen nicht vernehmen, nur wenn er seine Tonbänder abhörte. Die Untersuchung des Phänomens der *Tonbandstimmen (Electronic Voice Phenomenon)* war geboren.

Den ersten Erfahrungen der Gespräche der Toten mit den Lebenden mangelt es nicht an Humor. Zwei hochangesehene katholische Patres und Wissenschaftler – P. Agostino Gemelli[29] und P. Peregrino Ernetti[30] – brachten die Problematik der Kommunikation mit den Toten zur Aufmerksamkeit der katholischen Hierarchie in der Person des Heiligen Vaters Pius' XII.

„Wahrscheinlich war P. Agostino Gemelli, Gründer der katholischen Universität von Mailand und damalige Präsident der Päpstlichen Akademie der erste, der ohne es gewollt zu haben, die erste Stimme, die ganz erkennbar war, aufnahm.

Es war am 17. September 1952. P. Pellegrino Ernetti, der sich in seinem römischen Labor für Experimentalphysik befand, erinnert sich sehr gut daran. Er selbst hat mir die Geschichte erzählt, als ich ihn in seinem Konvent San Giorgio Maggiore in Venedig besuchte. Beide (P. Agostino und er) arbeiteten daran, Stimmen zu filtrieren. (...) Zu diesem Zweck benutzen sie einen Oszillographen und alte Aufnahmegeräte, die noch nicht mit Bändern funktionierten, sondern mit Drähten. Diese brachen ständig ab, benötigten feine Wiederherstellungsarbeiten und verusachten ständig Zeitverlust.

Sobald er irgendeiner Schwierigkeit entgegentrat, pflegte P. Gemelli seit vielen Jahren, seit dem Tod seines Vaters, sich seinem verstorbenen Vater zuzuwenden, indem er ihn vertraut anrief: ‚Papa, hilf mir!' Bei der gegenwärtigen Arbeit fehlte es ihm an Gelegenheiten nicht, seinen Vater zu Hilfe zu rufen. An diesem Tag war der Draht erneut abgebrochen; während er die nötige Reparatur vornahm, hatte P. Gemelli wie üblich nach seinem verstorbenen Vater gerufen. Als er das Gerät neu in Betrieb setzte, ließen sich statt des gregorianischen Gesangs, den sie gerade aufnahmen, deutlich diese Worte vernehmen: ‚Selbstverständlich helfe ich dir, ich bin immer bei dir!' P. Gemelli erschrak zutiefst: er fing an zu zittern und war schweißgebadet. P. Ernetti ermutigte ihn zu einem erneuten Versuch. Die selbe Stimme ließ sich vernehmen, klar und etwas ironisch: ‚Jawohl, Dummerchen, siehst du nicht, daß ich es bin?' ‚Dummerchen' war die vertrauliche Anrede seines Vaters. Beide Ordensleute eilten zu Pius XII. und berichteten ihm von ihrem Erlebnis. Der Papst beruhigte P. Gemelli und sagte ihm: ‚Lieber Pater, machen Sie sich keine Sorgen. Dies ist ein rein wissenschaftliches Faktum, das nichts mit Spiritismus zu tun hat. Das Aufnahmegerät ist ein objektives Gerät, dem man nichts suggerieren kann. Es empfängt und speichert Vibrationen, ganz egal woher sie kommen. Dieses Experiment wird vielleicht den Anfang einer neuen wissenschaftlichen Untersuchung eröffnen, die den Glauben an das Jenseits bekräftigen wird.'"[31]

Nach der Etablierung der Aufnahmemethoden von Audiobotschaften aus dem Jenseits boomte das Forschungsgebiet geradezu: Bilder aus dem Jenseits („photographische Extras" genannt) wurden entdeckt, analysiert und dokumentiert. Symposien fanden statt. Forscher aus Grenzgebeiten und allen Ländern fingen Feuer und begannen, Experimente zu betreiben, miteinander in Kontakt zu treten und Untersuchungen zu veröffentlichen. Kritiker wandten ein und konnten es sogar belegen, daß in einigen Fällen offenbar eine der anwesenden Personen ihre eigenen Gedanken auf einen Tonträger oder einen Film zu fixieren vermochte. Bei diesen rätselhaften Phänomenen stößt die Wissenschaft allerdings an ihre Grenzen; sie muß über sich hinausweisen.

Kann man wirklich mit Toten sprechen?

Können die Toten sprechen? Ja. Empirische Fakten liegen vor, bei denen die Initiative nicht von den Menschen kommt. Warum melden sich Tote bei Lebenden? Auf diese Frage können verschiedene Antworten gegeben werden: 1. um den (menschlichen) Glauben an die Existenz des Jenseits zu bekräftigen und damit die Weiterexistenz der Seele getrennt vom Körper; 2. um ihrer bleibenden Verbundenheit zu den Lebenden Ausdruck zu verleihen; 3. wenn sie Arme Seelen sind, um aus dem Gebet der Lebenden die Reinigung zu empfangen, die manche von ihnen immer noch brauchen, um endgültig vor Gott leben zu dürfen; 4. wenn sie Dämonen sind oder unter Einfluß von Dämonen stehen, um Verwirrung bei den Lebenden darüber zu stiften, was im Jenseits wirklich geschieht oder was letzte Wahrheiten betrifft.

Wie soll der vernünftige Mensch sich zu solchen Praktiken verhalten: distanziert oder neugierig? Die Bibel untersagt solche Kontakte sehr deutlich. Als Gründe können aus dem Befund des Alten Testaments angegeben werden, daß die Toten zunächst einmal als unrein gelten: sie verwesen, übertragen Krankheiten, symbolisieren den *Scheol,* das Totenreich, das mit negativen Urkräften zu tun hat. Der Tod erscheint den Menschen nie freundlich. Das Gesetz Israels wird herangezogen, um die Gefahr, die das Gespräch mit den Toten in sich birgt, durch harte Strafen zu bannen: „Männer oder Frauen, in denen ein Toten- oder ein Wahrsagegeist ist, sollen mit dem Tod bestraft werden. Man soll sie steinigen, ihr Blut soll auf sie kommen“ (Lev 20,27). Weiters gilt, was wir im vorhergehenden Abschnitt über Mediumismus gesagt haben: Da die Toten sich immer nur durch Medien zu Wort melden, können sich allerlei bewußte und unbewußte Kräfte einschalten und die Kommunikation einerseits als beruhigend (die Sicherheit, daß jemand verstorben ist und noch lebt) darstellen, andererseits mit Elementen versehen, deren Ursprung aber unklar bleiben muß: Hellsehen, Aufdeckung von verborgenen Ereignisse aus der Vergagenheit und der Zukunft …

Die Lehren aus dem Jenseits widersprechen oft der Lehre der Kirche. Der außerirdische „Techniker“, ein unbennanter Geist, der von sich behauptete, nie auf Erden gelebt zu haben und sich bei mehreren ITK-Sitzungen in Luxemburg, bei denen der Sulpizianerpater François Brune anwesend war, zu Wort meldete, nahm dreimal Stellung zur Erbsünde. Seine zwei letzten Wortmeldungen (Mai 1987 und 9.11.1989) bieten keinen theologischen Einwand für den Christen. Hingegen erscheint seine erste Aussage zu diesem Thema viel problematischer: „Die Mehrheit dessen, was über dieses Thema erzählt wird, enspricht der Wahrheit nicht. Es ist nicht wahr, daß der Mensch etwas wiedererlangen sollte, was er verloren hätte. Die Menschen haben nichts verloren: sie sind auf dem Weg der Entwicklung. Es hat keinen Fall weg von ‚Gott‘ gegeben; hingegen sind die Menschen auf dem Weg, das zu werden, was sie ‚Götter‘ nennen, d. h. das Ideal, das sie einmal sein werden.“[32] Nimmt man diese Aussage aus der Perspektive der christlichen Lehre ernst, sind das Häresien, die hier aus dem Jenseits verlauten. Das Anstößige dieser Tatsache relativiert sich aber, wenn man bedenkt, daß hier von einer jenseitigen Perspektive in die irdische Situation hinein gesprochen wird. Überraschenderweise impliziert das nicht *a priori* die Überlegenheit des jenseitigen Wissens. Die Kenntnis der Erbsünde, die ein Geist aus einer anderen Welt hat, ist nämlich doppelt begrenzt: Er sieht nur das, was Gott ihn sehen läßt; und wenn er tatsächlich an der Seite des Menschen steht, betrachtet er die Entwicklung des Menschen vom Innern des menschlichen Herzens her. Daher kann er den Sündenfall als solchen auch nicht in Betracht ziehen, weil den der heute lebende Mensch empirisch nicht erfahren hat. Was der jenseitige Text als Alternative zur Erbsünde formuliert, muß ebenfalls nicht schlicht häretisch verstanden werden, etwa im Sinne eines Gottwerdens des Menschen – dies würde tatsächlich dem Pantheismus anheimfallen. Aber es kann sich auch um eine ungenaue Art handeln, jene „Vergöttlichung“ der christlichen *theosis* in der Lehre der byzantinischen Kirche zum Ausdruck zu bringen, die als Wiederherstellung der ursprünglichen Würde des Menschen zu lesen ist, der als Abbild und Ebenbild Gottes erschaffen wurde (vgl. Gen 1, 27).

Die Vorsicht der Kirche im Umgang mit diesen Erfahrungen, Experimenten und Wirklichkeiten ist nicht in erster Linie dogmatischer Natur, weil dergleichen vielfach biblisch und im Leben der Kirche bezeugt wird: man läßt sich für die Verstorbenen taufen (1 Kor 15,29–30), man betet für sie.[33] Die erwähnten Stellen aus dem Alten Testament bezeugen, daß es in den den Hebräern nahestehenden Kulturen einen Kult bzw. ein Gebet für die Toten gab, das die Kirche übernahm. Die Vorsicht gilt dem von Menschen verursachten Kontakt mit dem Jenseits, um die Endgültigkeit des Todes und die damit verbundene Trennung zu lindern:[34] Mit dem Versuch, einen lebendigen Kontakt mit dem Jenseits zu knüpfen, nimmt die erlösende Kraft des Kreuzes deutlich ab. „Denn Christus hat mich nicht gesandt zu taufen, sondern das Evangelium zu verkünden, aber nicht mit gewandten und klugen Worten, damit das Kreuz Christi nicht um seine Kraft gebracht wird. Denn das Wort vom Kreuz ist denen, die verlorengehen, Torheit; uns aber, die gerettet werden, ist es Gottes Kraft“ (1 Kor 1, 17–18).

Naturhafte Gegenwart von Geistern

Geisterbeschwörung in der Psychoanalyse?

Psychotherapeuten verschiedener Weltanschauungen machen von Geistern Gebrauch, um besondere Arten von geistigen Krankheiten zu heilen. Obwohl sie von unterschiedlichen Prämissen ausgehen, finden sich Carl Wickland (1861–1945) und seine Frau Anna,[35] Dr. Cornelia B. Wilbur (Psychoanalytikerin in New York, behandelte Sybil Dorsett bis 1965),[36] Nicolas Abraham (1919–975) und Maria Török (1925–1998) in Paris[37], Jean-Jacques Dubois (Montréal, Kanada), Edith Fiore[38] (Saratoga, Kalifornien), Wilson Van Dusen (Psychologe an dem Mendocino State Hospital, Kalifornien)[39], Martine Gercaud[40] (Psychoanalytikerin und Psychotherapeutin, Paris), Kenneth McAll (1910–2001)[41] auf dem gleichen therapeutischen Niveau mit einer nüchternen Feststellung konfrontiert: sie alle nehmen wahr, daß das menschliche Bewußtsein vielerlei persönlichen Einflüssen, guten wie bösen, ausgesetzt ist. Jean-Jacques Dubois und Martine Gercaud verwenden Werkzeuge aus dem Schamanismus, Edith Fiore ist Theistin, Wilson Van Dusen gehört der von Emanuel Swedenborg gegündeten „Swedenborgkirche“ an, Kenneth McAll Anglikaner.

Die Psychotherapeutin Dr. Edith Fiore, Doktor der klinischen Psychologie, praktizierte mit einer gewissen Originalität in Saratoga, Kalifornien. Sie versuchte, anders schwer behandelbare psychische Kranke mit Hilfe von Trancezuständen unter Hypnose auf Geister anzusprechen, die die Kranken in Besitz genommen hätten und dadurch Mitursache ihrer Probleme sein sollten. In der Behandung einer Frau „J.H.“ wurde sie im Jahre 1998 vom California State Board of Psychology beschuldigt, mit „grober Fahrlässigkeit“ gehandelt zu haben. Im Jahre 1989 soll sie im Rahmen einer Untersuchung über UFO-Begegnungen dieser Patientin eingeredet haben, sie sei von einem UFO entführt worden. Am Tag des Urteils, dem 10. August 1998, mußte sie ihre Lizenz als Psychotherapeutin zurückgeben. Sie beugte sich dem Gerichtsurteil.

1987 hatte Edith Fiore ein bahnbrechendes Buch vorgelegt, das Neuland betrat: *The Unquiet Dead.*[42] In diesem Buch legte sie ihre Methode dar, psychisch kranke und durch klassische Methoden und Pharmakotherapien unheilbare Menschen doch noch zu heilen. Sie stellt mit ihnen die Hypothese von Geistern auf, d.h. von Wesenheiten, die zu anderen Menschen kommen, um in ihnen zu bleiben. Sie haben sich bei ihren Gastgebern, ohne ihre Einwilligung eingeholt zu haben, niedergelassen. Mit Hilfe der Hypnose versucht Dr. Fiore ihre Patienten in einen Bewußtseinszustand zu versetzen, bei dem solche Entitäten sich manifestieren, damit sie mit ihnen in Kontakt treten kann. Das Ziel dieser Art von Therapie ist es, diese Geister in die Sphäre des Geistigen zu begleiten, und sie dazu zu bewegen, die Menschen, die sie belästigen *(infestatio)*, zu verlassen.

Edith Fiore bezeichnet sich explizit weder als Theistin noch als Atheistin; sie rechtfertigt die Anwendung der Hypothese von Geistern lediglich auf praktischer klinischer Ebene als eine äußerst wirksame Methode, Menschen darauf aufmerksam zu machen, daß in ihnen persönliche Kräfte (ihrer eigenen Persönlichkeit zuwider) schlummern, die sie nicht kontrollieren können, die aber in besonderen Situationen Besitz von ihnen ergreifen. Diese Gegenwart von anderen in einer Person nennt sie „Reinkarnation". Wenn auch der Begriff hier nicht als religionswissenschaftlicher Fachbegriff verstanden werden darf, ist ihre Beschreibung von solchen Fällen äußerst überzeugend. Aus Platzmangel verzichten wir auf die Wiedergabe eines Falles aus ihrem Buch. Wir begnügen uns damit, einzelne Elemente der Erfahrung Dr. Fiores zusammenzufassen.

Die Geister, denen sie in ihren Therapien begegnet ist, und die an Menschen hängengeblieben sind, sind immer die Geister von Menschen, die ein unglückliches Leben geführt haben oder eines gewaltsamen Todes gestorben sind. Sie sind deswegen zu lebenden Menschen gegangen, weil sie sich fürchteten, ihr neues Leben (ohne Körper) zu leben; meistens fürchteten sie sich gerade vor den Menschen, die sie als gute Menschen gekannt hatten, weil sie sich ihrer nicht würdig fühlten. Nicht wenige dieser Geister wirkten „psychisch" verloren, insofern sie gar nicht verstanden haben, daß sie tatsächlich gestorben sind und deswegen keinen Einfluß mehr im Reich der Lebenden ausüben können. Am Anfang der Therapie konnten diese Geister ihren Zustand in einem anderen oft nicht einordnen: Männer „bewohnten" Frauen, oder umgekehrt, ohne zu merken, daß sie nicht im richtigen Körper waren. Sie hatten ihr eigenes biographisches Schicksal nicht angenommen und nun eine unscharfe Wahrnehmung in dem anderen Körper. Ein Teil der Therapie bestand für Dr. Fiore immer darin, die Aufmerksamkeit der Geister darauf zu lenken, daß sie gar nicht bei sich waren, sondern im Hause eines anderen. Der nächste Schritt bestand darin, die Bereitschaft des Geistes zu prüfen, diese infizierte Person zu verlassen, einerseits um des Geistes selbst willen – damit er den für ihn bestimmten Weg gehen konnte, – andererseits um der besessenen Person willen, um ihr die Freiheit des eigenen Lebens und der eigenen Entfaltung neu zu schenken.

Erfahrung, Liebe und Licht

Den außergewöhnlich pointierten Analysen von Dr. Edith Fiore kann der Theologe noch einen Gesamtkontext und einzelne Präzisierungen hinzufügen. Solche Beobachtungen entsprechen zutiefst dem christlichen Rahmen des Verständnisses des Lebens: Der Mensch ist von Gott zum Glück erschaffen; wenn er sich (willentlich oder unwillentlich) gegen dieses Glück entscheidet, leidet er – weil sein Zustand unnatürlich geworden ist – und bedarf einer „Erlösung" von seinem Kummer, die er bei Lebenden sucht. Der Grund dieser Suche ist relativ einfach, wenn wir uns daran erinnern, daß diese „Geister" wirkliche Menschen waren. Die Lebenserfahrung, die sie gesammelt haben, war innerhalb eines Leibes. Die plötzliche und oft schmerzliche Trennung von ihrem Körper, ohne die Entscheidung dafür getroffen zu haben, entspricht nicht dem, was sie auf Erden erlebt haben. Daher tun sie sich damit schwer, diesen anderen geistigen Daseinszustand (ohne Körper) anzunehmen, an dem sie in ihrem Leben kein Interesse gezeigt hatten. Weiters bringen Dr. Fiores Analysen Licht in getrübte Familienverhältnisse. Daß Eltern einen tiefen Einfluß auf die Seele ihrer Kinder ausüben, wissen Frauen, vor allem Mütter bereits aus ihrer Kenntnis der Schwangerschaft: wie ihre Gemütsverfassung sich auf das Kind überträgt. Daß Ahnen in schwierigen Situationen weiter wirken, ist demnach nicht überraschend; interessant ist die Tatsache, daß der Psy-

chotherapeutin Zugang zu ihnen gewährt wird, so daß sie auf einen für sie angemesseneren Ort hinweisen kann, einen Ort, in dem sie glücklich leben können, den die Theologie als *Paradies* bezeichnet.
Über diese anthropologische Seite des Verständnisses der Geister hinaus bleibt uns noch, einige theologische Bemerkungen anzuführen. Dr. Fiore berichtet, daß die Mehrheit dieser Geister nicht böse war. Sie sehnten sich nach einer vertrauten Wärme bei Menschen, die sie im Reich der Geister nicht zu erhalten glaubten. Diejenigen, die böse waren, wollten ihrem Gastgeber schaden, ihn sogar töten. Diese Geister hatten zu Lebzeiten selber nicht selten Berührungen mit dem Teufel oder mit besessenen Menschen zu tun gehabt und sich diese bösen Mächte durch ungesunde Lebensweisen, Bindungen oder Machtspiele zugezogen. Wir sahen bereits in unserem 3. Kapitel, wie das Verharren in einer schweren Sünde, wie die Unversöhntheit die Seele für das Böse öffnet. Die Natürlichkeit der Suche dieser Armen Seelen nach dem Verständnis ihres Zustandes und nach einer irdischen Erlösung berührt eindeutig die existentielle Problematik der christlichen Erlösung. Der Mensch spürt nämlich die Notwendigkeit, von diversen Plagen befreit zu werden: von seiner eigenen Trägheit, von einem unglücklichen Schicksal usw. Da er allein nicht imstande ist, sein Schicksal zu bewältigen, ist er auf der Hilfe von anderen angewiesen. Auf diese gegenseitige Hilfe gründet das Wesen von Gesellschaft, Politik und sogar Kirche. So wenden sich die Armen Seelen an Menschen, an denen sie die Fähigkeit erkennen, ihnen zu Hilfe zu kommen.

Wenn wir die Ergebnisse der Untersuchungen von Dr. Fiore in einen *ekklesiologischen* Kontext stellen, ergeben sich zwei weitere verblüffende Übereinstimmungen. Die Befreiung von den sie bewohnenden Geistern wurde erst dann möglich, wenn die zu vertreibenden Geister jemanden im Jenseits gefunden hatten, den sie kannten und der bereit war, sich ihrer in Liebe anzunehmen. Die christliche Tradition nennt diesen Sachverhalt die *communio sanctorum,* die Gemeinschaft der Heiligen, deren Prinzip der Geist schlechthin, der Heilige Geist ist. Die letzte ekklesiologische Koinzidenz ist vielleicht die schönste: bei sehr schwierigen Fällen, wo der Teufel eindeutig am Werk ist, wollen manche Geister ihre Gastgeber nicht verlassen. Dr. Fiore mußte an spirituell kräftigere Wesenheiten appellieren, die ihr zur Seite standen, um diese Vertreibungen mühevoll, aber erfolgreich durchzuführen.

Dem, der die höheren Entitäten nicht als Engel bezeichnen möchte, bleibt die Aufgabe, deren Wesen und Wirken andersartig zu erklären. Unangemessen wäre es nicht, wenn der Christ in diesen überzeugenden spirituellen Gestalten Schutzengel erkennen würde, die den Menschen im Kampf gegen den Bösen beistehen ...

Abschließende Bemerkungen

Biblische Kategorien, wie sie Johannes in seinem ersten Brief beschreibt, spiegeln sich deutlich in den hier berichteten Erfahrungen an der Grenze des Menschseins wieder: am Werk sind in dieser Welt Geister, gute wie böse. Besonders ist der Teufel in der Welt am Werk, da diese Welt mit Zwischeninstanzen aller Arten zu tun hat, die dennoch letzten Endes sich innerhalb der *providentia* Gottes bewegen: obwohl die Vollkommenheit Gottes es rechtfertigen würde, daß Er direkt alle Dinge zu ihrer Vollendung führen würde, bevorzugt er es, durch Zwischenursachen seiner Schöpfung zur Vollendung zu verhelfen. Auf dem Wege der Freiheit soll das Geistgeschöpf Mensch aber Selbstursache seines Heiles sein. Johannes faßt die Arten des Kampfes dieser Welt zusammen: „Denn alles, was in der Welt ist, die Begierde des Fleisches, die Begierde der Augen und das Prahlen mit dem Besitz, ist nicht vom Vater, sondern von der Welt. Die Welt und ihre Begierde vergeht; wer aber den Willen Gottes tut, bleibt in Ewigkeit" (1 Joh 2,16–17). Die „Welt" – die Johannes als die sich ohne Gott und unter der Herrschaft des „Herrschers dieser Welt" (Joh 12,31) entfaltende Menschheit versteht – weist deutliche Eigenschaften auf. Die Begierde der Augen bezeichnet den Hochmut, das Prahlen mit dem Besitz bezeichnet die Herrschaft; die Begierde des Fleisches bezeichnet all die Taten, die mit physischer oder geistiger Gewalt zu tun haben. In diesen drei Sünden, die Christus als König und Richter aufdeckt, sind alle Hauptsünden der Menschen enthalten.

Für all diese Phänomenen ist eine doppelte Ebene der Unterscheidung der Geister geboten, natürlich einerseits und zugleich übernatürlich andererseits: *ratio et natura* einerseits, *fides et revelatio* andererseits. Was die Vernunft untersuchen kann, soll als Grundlage aller weiteren Forschungen vorangestellt bleiben; erst wenn die natürliche Vernunft versagt hat, sollen die Kriterien der theologischen Unterscheidung der Geister eingesetzt werden. Die scheinbaren Gegensätze der Interpretation solcher Dinge, die auf unterschiedlichen Prämissen beruhen, können zur Annahme führen, der Glaube deute die Phänomene mit einer falschen Brille. In diesem Fall setzt sich dann eine subjektiv behaftete Erfahrung als Maßstab des Lebens und der Weltanschauung durch, was uns auf das Interpretationsprinzip der Personalisierung durch Gott und der Entpersonalisierung durch den Teufel von Joseph Ratzinger in seinem Aufsatz „Abschied vom Teufel?" (zuletzt veröffentlicht in: *Dogma und Verkündigung,* Donauwörth [4]2005) zurückführt. Die Alternative: die Vernunft versucht, den Sachverhalten auf den Grund zu gehen, und bleibt demütig genug, den weiteren, letzten Horizont der Interpretation denen zu überlassen, die über ein breiteres und erprobteres Instrumentarium verfügen, wie Gläubige aus verschiedenen Religionen. Erst dann werden solche Phänomene im Rahmen der Natur ihre volle symbolische und reale Kraft entfalten können.

GLAUBENSPHÄNOMENE IN MENSCHLICHER GESTALT

„In fleischlichen Herzen, begreifst du, mein Kind, das ist's,
was die Engel nicht kennen,
Es sei denn vom Hörensagen,
Aber selber haben sie's nicht erfahren,
In fleischlichen Herzen, gefährdeten, kurzlebigen Herzen,
In Herzen, die brechen können wie Glas,
Ist ein Wort bewahrt, genährt,
Das in Ewigkeit nicht zerbricht."

CHARLES PÉGUY, DAS TOR ZUM GEHEIMNIS DER HOFFNUNG, 78

Im vorhergehenden Kapitel haben wir einige Wunderwerke des *Außernatürlichen* beobachtet und zu deuten versucht, Phänomene, die jenseits der gewohnten Gesetzmäßigkeit der Natur stehen und sich doch mit der physischen Natur in Verbindung bringen lassen. Nun wollen wir eine andere Art von Phänomenen behandeln, jene des *Übernatürlichen* im menschlichen Gewand.

Was dürfen wir als Wunder bezeichnen? Ein Ereignis in der materiellen Welt, das sich nach sorgfältiger Überprüfung durch keine wissenschaftliche Methode als auf natürlichem Weg geschehen erklären läßt, und nachweislich doch besteht. Kürzer gesagt: „Interferenz mit der Natur durch übernatürliche Kraft".[1] Ein Wunder stellt ein Rätsel für die Vernunft dar. Wenn die Naturgesetze stets geltende Gesetze wären, dann könnten solche Ereignisse nicht existieren. Und doch existieren sie, der Vernunft zum Trotz. Was bleibt dann aber von den Naturgesetzen übrig?

Der gewöhnliche Einwand gegen die Wunder, insbesondere seit David Hume,[2] lautet: Wunder sind nichts anderes als die leichtfertige Antwort auf die ungeklärten Fragen der Naturwissenschaften. Je weiter die Wissenschaft fortschreitet, desto weniger Phänomene wird man für ein Wunder halten. Einerseits ist aber keine solche Tendenz festzustellen;[3] andererseits ist die engstirnige und hochmütige Meinung derjenigen Wissenschaftler zu bestaunen, die behaupten, mit dem beschränkten Instrumentarium der Naturwissenschaften – der Beobachtung quantifizierbarer Vorgänge der Natur durch Messung – sowohl die Gesamtheit der Phänomene dieser Welt als auch jedes Einzelphänomen erschließen zu können, wenn nicht heute, dann morgen.

Heilungen

Der störende Faktor einer modernen Heilung

Schwester Marie Simon Pierre ist 1961 geboren und gehört zur Kongregation der Kleinen Schwestern der Katholischen Mutterschaft *(Petites Soeurs des Maternités Catoliques)*. Sie ist Hebamme. Ihre unerklärliche und medizinisch geprüfte Heilung ist das Wunder, das dem Seligsprechungsverfahren des verstorbenen Johannes Paul II. hinzugefügt wurde.

„Ich hatte die Krankheit Parkinson, die im Juni 2001 diagnostiziert wurde. Diese war auf der linken Seite gelegen, was mich sehr behinderte, da ich Linkshänderin bin. Zu Beginn entwickelte sich die Krankheit langsam, aber nach drei Jahren vermehrten sich die Symptome, indem sich das Zittern, die Steifheit, die Schmerzen, die Schlaflosigkeit (...) verschlimmerten. Vom 2. April 2005 an zermürbte mich die Krankheit von Woche zu Woche, ich sah, wie ich von Tag zu Tag abbaute, als Linkshänderin konnte nicht mehr schreiben, oder falls ich es tat, war es schwer lesbar. Mit dem Auto zu fahren war für mich so gut wie nicht mehr möglich, außer sehr kurze Strecken, denn mein linkes Bein war manchmal wie blockiert, und die Steifheit erleichterte das Fahren nicht. Ich brauchte immer mehr Zeit, um meine Arbeit zu erledigen,

die sehr schwierig geworden war, da ich im Krankenhausbereich arbeitete. Ich war müde und erschöpft. Nach der Bekanntgabe der Diagnose hatte ich große Schwierigkeiten, (den kranken) Johannes Paul II. im Fernsehen anzusehen. Trotzdem war ich ihm im Gebet sehr nahe und wußte, daß er verstehen konnte, was ich erlebte. (...)

Dann, am Abend des 2. April 2005, waren wir in der Gemeinschaft versammelt, um live mit Rom den Gebetsabend auf dem Petersplatz mitzuerleben, dank dem französischen Fernsehsender der Diözese von Paris (KTO). Mit meinen Schwestern habe ich direkt vom Tod Johannes Pauls II. erfahren. Für mich wankte alles, das war der Zusammenbruch, ich hatte einen Freund verloren, der mich verstand und mir Kraft gab, weiterzugehen. In den Tagen darauf fühlte ich etwas wie eine große Leere, aber zur gleichen Zeit hatte ich die Gewißheit, daß er noch da war. Am 13. Mai, am Fest Unserer Lieben Frau von Fatima, bewilligte Papst Benedikt XVI. die Dispens zur Eröffnung des Seligsprechungsprozesses von Johannes Paul II. Vom 14. Mai an haben meine Schwestern von allen Gemeinschaften Frankreichs und Afrikas auf die Fürsprache von Johannes Paul II. um meine Heilung gebetet. Sie werden ohne Unterlaß bis zur Verkündigung meiner Heilung beten. Zu diesem Zeitpunkt war ich im Urlaub. Nach dem Ablauf meiner Erholungszeit komme ich am 26. Mai zurück, völlig erschöpft von der Krankheit. Seit dem 14. Mai wohnt in mir ein Vers des Evangeliums des hl. Johannes: ‚Wenn du glaubst, wirst du die Herrlichkeit Gottes sehen.' Am 1. Juni kann ich nicht mehr, ich kämpfe, um voranzukommen und aufrecht zu bleiben. Am Nachmittag des 2. Juni gehe ich zu meiner Oberin, um sie zu bitten, meine berufliche Tätigkeit zu beenden. Diese bittet mich, noch ein bißchen auszuhalten bis zu meiner Rückkehr von Lourdes im Monat August, und sie fügt hinzu: ‚Johannes Paul II. hat sein letztes Wort nicht gesagt.' Im Laufe dieser Begegnung mit meiner Oberin war Johannes Paul II. in unserem Gespräch gegenwärtig, einem Gespräch, das in Frieden und Heiterkeit stattfand. Sie hält mir einen Stift hin und bittet mich ‚Johannes Paul II.' zu schreiben, es ist 17 Uhr. Mit großen

Schwierigkeiten schreibe ich ‚Johannes Paul II.' Vor der unleserlichen Schrift bleiben wir lange im Schweigen. Das Ende des Tages spielt sich ab wie sonst. Nach dem Abendgebet um 21 Uhr ging ich noch einmal in mein Büro und dann in mein Zimmer. Es war zwischen 21.30 Uhr und 21.45 Uhr. Da spürte ich den Wunsch einen Stift zu nehmen, um zu schreiben. Ein wenig, als würde mir jemand sagen: ‚Nimm deinen Stift und schreib.' Zu meinem großen Erstaunen war die Schrift sehr leserlich. Ich verstand das nicht recht und ging schlafen. Es war genau vor zwei Monaten, daß Johannes Paul II. uns verlassen hatte, um ins Haus des Vaters zu gehen. Um 4.30 Uhr wachte ich auf, verblüfft, geschlafen zu haben. Mit einem Satz verließ ich mein Bett, mein Körper schmerzte nicht mehr, es gab keine Steifheit mehr, und innerlich war ich nicht mehr dieselbe. Dann drängte mich ein innerer Ruf, eine Kraft, vor das Allerheiligste beten zu gehen. Ich stieg zum Oratorium hinunter. Ich betete vor dem Allerheiligsten. Ein großer Friede umfing mich, ein Gefühl von Wohlergehen. Etwas zu großes, ein Geheimnis, das mit Worten schwer zu erklären ist. Anschließend, noch immer vor dem Allerheiligsten, meditierte ich die lichtreichen Geheimnisse von Johannes Paul II. Dann, um 6 Uhr, ging ich hinaus, um meine Schwestern in der Kapelle für eine Zeit des Gebetes zu treffen, gefolgt von der Eucharistiefeier. Ich mußte ca. 50 Meter zurücklegen, und da bemerkte ich, daß mein linker Arm beim Gehen mitwippte, nicht wie sonst üblich, da er unbeweglich an meinem Körper blieb. Ich stellte auch eine Leichtigkeit in meinem ganzen Körper fest, eine Beweglichkeit, die ich seit langer Zeit nicht mehr kannte. Im Laufe diese Eucharistiefeier wohnte eine große Freude und ein großer Friede in mir. Es war der 3. Juni, das Herz-Jesu-Fest. Am Ende der Messe war ich überzeugt, daß ich geheilt war … Meine Hand zitterte überhaupt nicht mehr. Ich ging, um wieder zu schreiben, und zu Mittag stoppte ich brutal alle Medikamente. Am 7. Juni ging ich wie vorgesehen zum Neurologen, der mich seit vier Jahren behandelte. Dieser stellte mit Überraschung das Verschwinden aller Symptome fest, obwohl ich seit fünf Tagen keine Behandlung mehr hatte. Vom nächsten Tag an vertraute meine General-

priorin unsere Danksagung allen Gemeinschaften an. So begann die ganze Kongregation eine Dankesnovene zu Johannes Paul II. Seit zehn Monaten habe ich nun mit allen Behandlungen aufgehört. Ich habe eine normale Tätigkeit aufgenommen, ich schreibe ohne jegliche Schwierigkeit, ich fahre wieder Auto und das über lange Strecken. Ich kann sagen, daß das wie eine zweite Geburt ist, ein neues Leben, denn nichts ist wie früher. Heute kann ich sagen, daß ein Freund weit weggegangen ist von unserer Erde und trotzdem er jetzt meinem Herzen so nah ist. Er hat in mir den Wunsch für die Anbetung des Allerheiligsten wachsen lassen und die Liebe für die Eucharistie, die einen erstrangigen Platz in meinem alltäglichen Leben haben. Das was der Herr mir anvertraut hat, zu leben durch die Fürsprache von Johannes Paul II., ist ein großes Geheimnis, das mit Worten schwer auszudrücken ist, sosehr ist es groß und stark (...) aber für Gott ist nichts unmöglich. Ja, „wenn du glaubst, wirst du die Herrlichkeit Gottes sehen.'"[4]

Von der Unmöglichkeit der Heilungen

Die Annahme oder die Ablehnung von Wundern hängt mit einer Voreinstellung zusammen, nämlich mit der Wahl einer Weltanschauung des Naturalismus oder des Super- oder Supranaturalismus.[5] Dieser Entscheidung werden auch Theologen ausgesetzt, und sie treffen nicht selten die Wahl zugunsten des Naturalismus.[6] Der Naturalismus erkärt die *Dinge* mit der „Natur" als Einzelprinzip und deren *Zusammenhänge* mit der „Natur" als Gesamtprinzip. Der Supranaturalist nimmt an, die Natur habe aber einen Ursprung, was sie zu einem zugeordneten Prinzip statt zu einem absoluten Prinzip macht.

Beiden Positionen gemeinsam ist die Annahme eines Prinzips, das nicht nur dieser Wirklichkeit zugrunde liegt, sondern sie auch übersteigt, im Naturalismus die Gesetze und Prinzipien, die für die Natur gelten. Ähnlich nimmt der Supernaturalist ein Prinzip außerhalb der Natur an, Gott. Das was sie trennt, ist die Zuordnung dieses durch Denken erkannten Prinzips: der Naturalist will es im Rahmen des Sich-selbst-Erklärens einfangen, der Supernaturalist sieht es außerhalb der Natur. Gesetzt den Fall, der Naturalist käme an den Punkt, daß er weder die Faktizität eines Geschehens bestreiten kann, das der Supranaturalist Wunder nennt, noch der Auffassung ist, es werde gewiß eine natürliche Erklärung des Geschehens gefunden werden – dann hat er mit dem Supranaturalisten am Ende eine weitere Übereinstimmung: Er sieht, daß das Wunder *einerseits* die Gesetze der Natur durchbricht, aber sich in *manchen seiner Wirkungen* wieder in die Natur einfügt, da das Wunder nie ganz abseits der materiellen Welt geschehen kann, die von Gesetzmäßigkeiten gelenkt wird.

Es wird aber dem Naturalisten nicht leichtfallen, eine höhere Ursache ganz auszuschließen. So betonen selbst die Flugversicherungen einen Haftungsausschluß bei höherer Gewalt, für Gottes Taten bezahlen sie nicht: „‚L'Européenne d'Assistance' can not be held responsible for delays to or failure to provide the agreed services in the event of strikes, riots, popular uprisings, transportation restrictions, sabotage, terrorism, civil or international war, radiation effects *or any other act of God* or ‚force majeure'."[7]

Der Naturalist und der Supernaturalist können beide keine Erklärung für das Warum des Wunders liefern. Wo der Naturalist auf die Frage des Wie keine Antwort haben kann, wird der Supernaturalist die wunderbare Wirkung Gott zuschreiben. Im Falle einer Gemma di Giorgi[8] und unzähliger anderer zeigt Gott, daß er Menschen heilen kann. Aus Eigeninitative oder auf menschliches Bitten hin. Warum will Gott Heilung schenken? Weil er uns damit seine Barmherzigkeit spüren läßt. Was ist Barmherzigkeit? Ein kühnes Verhalten Gottes, der sich mütterlich unserer Schwachheit annimmt,[9] um uns mit sich reich zu machen.[10] Gott kann uns weder zwingen, an ein Wunder zu glauben noch eine wunderbare Heilung als Akt seiner Barmherzigkeit anzunehmen. Aber wer ein solches Zeichen am eigenen Leibe erfährt, der kann fast nicht anders als einzusehen, daß einer am Ursprung der Natur steht, der sie stets lenkt. Wurde eine Fürbitte an Gott oder seine Heiligen übergeben, zeigt sich die Bedeutung auch der zwischenmenschlichen Beziehungen, um die Welt vorwärts, auf Gott hin, der ihr Anfang und Ende, ihr Alpha und Omega ist, zu treiben.

Krankheit und Behinderung stellen einen Widerspruch im Schöpfungsplan Gottes dar, der seine Ordnung in jedem Wirklichkeitsbereich gewollt hat. Und wie soll der Ungläubige durch die vielen Übel zum Glauben kommen, die Gott nie heilt? Besteht da nicht eine maßlose Ungerechtigkeit? Ein Blinder kann wieder sehen, ein anderer nicht. War der eine etwa besser als der andere? Und überhaupt: Wieso wird einer blind geboren? „Wer hat gesündigt? Er selbst? Ober haben seine Eltern gesündigt, so daß er blind geboren wurde?" Jesus antwortete: „Weder er noch seine Eltern haben gesündigt, sondern das Wirken Gottes soll an ihm offenbar werden" (Joh 9,2–3). Gott heilt, weil er *heiligen* will. Er wählt sich, für uns oft willkürlich erscheinend, Werkzeuge aus, durch die er wirken will. Sein Handeln ist für uns nicht vollständig durchsichtig oder nachvollziehbar. Gott rettet und bleibt doch ein verborgener Gott (vgl. Jes 45,15). Und wenn der vernünftige Mensch ein positives Menschenbild vertritt, weil er dieses Menschenbild in der Wirkklichkeit als letztlich wirksamer und besser als ein negatives Menschenbild ansieht, dann wird er jedes Unheil als Umkehrung eines Schöpfungsplanes erkennen, eines *Masterplanes,* an dessen Verwirklichung er sich beteiligen soll, auch durch Ausbesserung der Wirklichkeit. Wieviel Unheil der Welt entsteht letztlich nicht ohne die Verantwortungslosigkeit von Menschen? Und wieviel an Folgen von Unheil könnte verhindert oder gelindert werden durch das Engagement von Menschen? Gewiß wird ein Rest bleiben, der ein Störgefühl hinterläßt. Doch ist es nicht gerade dieses Störgefühl, das unsere Hoffnung auf Wiederherstellung, auf Auferstehung anstachelt? Sogar der behinderte Mensch, der nicht geheilt wird, wird zur lebendigen Fackel dieser Zuversicht: Das überirdische Fortdauern der Natur muß letztlich jene wiederherstellen, und zwar in Form der ursprünglichen Ordnung der Schöpfung.

Kann der Teufel heilen? Ja, so scheint es. Er kann eine Heilung vortäuschen und deshalb „heilen", aber nur bedingt, kurzfristig und oberflächlich. Vielleicht auch unter Inkaufnahme von weit Schlimmerem. Einem nichtwachen Geist wird es nicht auffallen, was an einer dämonischen Heilung faul ist. *Heiligen* kann der Teufel eindeutig nicht, daher ist das Wachstum im geistlichen Leben die eindeutige Frucht einer wirklichen Heilung.

Stigmatisierungen oder die verwundende Kraft der Liebe

Gibt es echte Stigmata?

Therese Neumann (1898–1962) wurde in Konnersreuth in Bayern geboren und lebte dort bis zu ihrem Tod. Sie wurde Mitglied des dritten Ordens des hl. Franziskus.

Am 10. März 1918 fing sie an, unter extremen Rückenschmerzen zu leiden, nachdem sie bei Löscharbeiten körperlich überfordert zusammengebrochen war. Im selben Jahr kamen mehrere Unfälle hinzu, so daß sie zum Pflegefall wurde und schreckliche Schmerzen hatte. In März 1919 verlor sie zudem ihr Augenlicht, schließlich auch das Gehör. Von da an war sie bettlägrig und manchmal so wundgelegen, daß man ihre Knochen sah. Es kam zu Lähmungen und Geschwüren. 1923, an dem Tag, an dem Therese von Lisieux seliggesprochen wurde, konnte sie plötzlich wieder sehen, nachdem sie mehrere Novenen zu ihr gebeten hatte. Zwei Jahre später, an dem Tag, an dem „die kleine Therese" heiliggesprochen wurde, kündigt ihr eine Frauenstimme Heilung, aber weiteres Leiden sowie ihren Beistand an –, die Lähmungen verschwanden, und konnte wieder etwas laufen, ein paar Monate später vollständig.

Doch bald machten ihr andere körperliche Leiden zu schaffen. Nächtelang lag sie hellwach im Bett, so auch von Donnerstag, den 4., auf Freitag, den 5. März 1926: In jener Nacht sah sie Jesus Christus im Garten Gethsemani knien. Sie verspürte auf der linken Seite der Brust einen so stechenden Schmerz, daß sie bald zu sterben meinte. Sodann begann dort, wo das Herz war, Blut auszutreten. Kurz darauf, am 12. März erschien ihr Christus am Ölberg mit einem Dornenkrone. Visionen aus dem Leben Jesu und der Apostelgeschichte hatte sie bis zu ihrem Tode, ebenso immer wieder *Stigmata,* die Wunden Jesu: Am Karfreitag 1936 trat sie in die Passion Christi ein. Wunden (dokumentiert durch Photographen) erschienen an ihren Händen und Füßen, sowie Blut, das aus ihren Augen herausrann.

Ab Weihnachten 1922 hatte sie ganz aufgehört, feste Nahrung zu sich zu nehmen, 1927 verzichtete sie selbst auf die paar täglichen Wassertropfen. Der Grund: sie hatte von einem Priesteramtskandidaten gehört, der an einer unbekannten Halskrankeit leidet, die niemand diagnostizieren konnte. Dadurch war seine Gesundheit und seine Berufung gefährdet. Sie bot sich Gott anstelle des Seminaristen an. Von nun an schwoll ihr Hals so sehr, daß sie nichts mehr schlucken konnte. Und der Theologiestudent erfuhr plötzlich eine unerklärliche Heilung. Als er zum Priester geweiht wird und am 30. Juni 1931 seine Primizmesse zelebriert, wird Therese zur selben Stunde von ihrem Halsleiden erlöst. Ihr Opfer hatte die entsprechende Frucht getragen – die Priesterweihe ihres Seminaristen – und war in dieser Form nicht mehr nötig. Dennoch lebte sie fortan ohne feste Nahrhung.

Dieser außergewöhnliche körperliche Zustand bleibt bis 1962. Auf Anordnung des Regensburger Bischofs Antonius von Henle findet zwischen den 13. und dem 28. Juli 1927 eine wissenschaftliche Prüfung ihrer Abstinenz von jeglicher Nahrung und Flüssigkeit statt. Ein Arzt aus dem Spital von Waldsassen, Dr. Otto Seidl, steht der Überprüfung vor. Ergebnis: Sie ernährt sich tatsächlich nur von der Eucharistie, wiegt am letzten Tag so viel wie am ersten. Ihr seelischer Zustand ist sehr ausgewogen.[11] Therese starb am 18. September 1962. Am 13. Februar 2005 gab der Regensburger Bischof Gerhard Ludwig Müller in Konnersreuth die Eröffnung des Seligsprechungsprozesses bekannt.

Warum verwundet Gott seine Freunde?

Teresa von Avila mangelte es nicht am schwarzen Humor. Ihr wird zugeschrieben, mit dem Herrn über die Prüfung des Glaubens gestritten und ihm gesagt zu haben: „Jesus, es ist kein Wunder, daß du so wenige Freunde hast, wenn man sieht, wie du sie behandelst."[12]

Die Kehrseite der Medaille Gottes erinnert an russisches Roulette oder das Spiel mit dem Tod durch Extremsportarten. Gott beansprucht das Leben dessen, der sich auf das „Spiel" mit ihm einläßt. Leben mit Gott *ist* gefährlich. Das kann ich selbst in der Nachfolge aller Zeugen Gottes bezeugen. Die Antwort, warum der Glaube so risikoreich sei, findet sich bei jenen Menschen, die sich bedingunglos in die Hand des lebendigen Gottes, nicht des Gottes der Philosophen, übergeben haben. Lange bevor die Transkommunikation mit den Toten erfunden wurde, verstanden sie, daß sie bei Gott ihr Leben nicht verlieren, sondern vollenden würden, indem sie an der Schwelle der Ewigkeit zu sagen wagten: „Ich trete ins Leben ein."[13]

Edith Stein (1891–1942), katholisch: Schwester Teresa Benedicta vom Kreuz, hat uns zwei schriftliche Spuren der Konsquenzen ihrer Hingabe an Gott hinterlassen: ein Weihetext vom 26. März 1939 und ihr Testament vom 9. Juni 1939. Beide wurden, ein paar Monate bevor der Zweite Weltkrieg ausbrach, verfaßt, als ob die als Jüdin geborene und um zum Katholizismus übergetretene Edith eine Vorahnung der einmaligen Gotteslästerung des Nationalsozialismus voraussehen konnte. Beide Texte enthalten ein gemeinsames Motiv, das des *Sühneopfers,* welches sich vom ersten zum zweiten Text ausweitet. Den ersten Text schreibt sie an ihre Priorin im Echter Karmel: „Liebe Mutter, bitte, erlauben E. E. (Eure Ehrwürden) mir, mich dem Herzen Jesu als Sühneopfer für den wahren Frieden anzubieten: daß die Herrschaft des Antichrist, wenn möglich, ohne einen neuen Weltkrieg zusammenbricht und eine neue Ordnung aufgerichtet werden kann."[14]

Der zweite Text weitet den Gedanken des ersten aus: „Ich bitte den Herrn, daß Er mein Leben und Sterben annehmen möchte zu seiner Ehre und Verherrlichung, für alle Anliegen der heiligsten Herzen Jesu und Mariae und der Heiligen Kirche, insbesondere für die Erhaltung, Heiligung und Vollendung unseres heiligen Ordens, namentlich des Kölner und des Echter Karmels, zur Sühne für den Unglauben des jüdischen Volkes und damit der Herr von den Seinen aufgenommen werde und Sein Reich komme in Herrlichkeit, für die Rettung Deutschlands und den Frieden der Welt, schließlich für meine Angehörigen, Lebenden und Tote, und alle, die mir Gott gegeben hat: daß keines von ihnen verloren gehe."[15] In diesen drei Monaten hat sich die Berufung Ediths zum Sühneopfer für den Frieden ausgebreitet. Sie bietet sich dem Herrn zu einem fünffachen Tausch an: zur Ehre Gottes, für die Anliegen der Kirche, zur Sühne für den Unglauben des jüdischen Volkes, für das deutsche Volk und den Weltfrieden, zuletzt für ihre Angehörigen, für die Kirche Gottes. Solche Versprechen bleiben nicht unbeantwortet: am 2. August wird sie von der Gestapo verhaftet, und am 9. August 1942 im KZ Auschwitz als Jüdin ermordert.

Gott ist ein Liebhaber ganz (un)gewöhlicher Art: Er zieht an sich und verwandelt den Geliebten in sich. Im Menschen Jesus ist Gott so nahe an uns herangekommen, daß er jegliche Distanz vergessen hat und einer von uns wurde: „...Was wir geschaut und was unsere Hände angefaßt haben, das verkünden wir: das Wort des Lebens" (1 Joh 1,1), inklusive seiner Wundmale. Der ungläubige Thomas wird nach der Auferstehung sagen: „Wenn ich nicht die Male der Nägel an seinen Händen sehe und wenn ich meinen Finger nicht in die Male der Nägel und meine Hand nicht in seine Seite lege, glaube ich nicht" (Joh 20,25). Diese Gunst wird ihm erwiesen werden, und er wird von der fleischlichen Gegenwart seines verwundeten und auferstandenen Herrn so überwältigt sein, daß er sein Leben für ihn bis zum Blut einsetzen wird. Christus gibt an die Seinen den Auftrag fort, das Leben als Sühneopfer (gr: *ilasterion,* vorausgebildet in der Platte, die über die Arche des Bundeslade stand, auf der zwei Cherubim stehen) hinzugeben, damit andere leben: „Es gibt keine größere Liebe, als wenn einer sein Leben für seine Freunde hingibt"

(Joh 15,13). Die Feuerprobe, durch die der Meister gegangen ist, wird zum Initiationsritus für die Jünger, die sich der Nachfolge würdig fühlen.

Stigmata, *Transverberation* (die Herzverwundung in der Vision Teresa von Avilas) und mystische Vermählung stellen drei Erfahrungen der Begegnung Gottes mit seinem Geschöpf dar. Der Prophet Hiob sagte einmal: „Denn er (Gott) verwundet, und er verbindet, er schlägt, doch seine Hände heilen auch" (Ijob 5,18). Gott verwundet die Menschen, denen er eine mystische Vereinigung mit sich schenkt: Jakob hinkte nach der fürchterlichen Nacht des Kampfes mit dem Engel Gottes (Gen 32,23–32). Die Liebe Gottes geht einem unter die Haut, leiblich. Die Hagiographie kennt dieses Phänomen der Verwundung durch Gott unter den Namen *Transverberation* – Durchbohrtsein von Gott.[16] In diesem Kampf mit Gott legt der Cupidon der Antike seine Waffen ab; die Waffen Gottes imponieren ihm zu sehr. Wir kommen von der Berührung mit Gott nicht unverwundet los.

Wahre und vorgetäuschte Erscheinungen

Wie wir es am Anfang unserer Untersuchung sahen, teilen sich zwei Gruppen von Darstellern die Erscheinungen vor den Menschen: Gott und seine Truppe, Satan und seine Diener. Beide verfügen über ähnliche Bühnenresourcen. Manchmal spielen sogar beide in derselben Choregraphie. Liebliche Darstellungen des freundlichen Erdenganges beider wie *Der Alte Mann und Mr. Smith* (1990) von Peter Ustinov lassen durch Humor die unvereinbaren Gegensätze einer übergroßen Macht und deren Bekämpfung ans Licht treten. Gott und seine Truppe verfügen über erhebliche Vorteile: sie sind zahlreicher, haben ein unbegrenztes Budget, bauen viel Inhalt in ihren Darstellungen ein. Ihr Nachteil ist, daß sie auf all zu viele *special effects* verzichten, was ihre Konkurrenten schamlos ausnutzen.

Bei Erscheinungen ist also die Gabe der Unterscheidung gefragt. Oft braucht es Zeit, den Weizen vom Unkraut zu unterscheiden. 1978 wurde ein Dokument von Papst Paul VI. unterschrieben und an alle Titularbischöfe und Ordensoberen geschickt, das den Titel trägt: *Normae S. Congregationis pro doctrina fidei de modo procedendi in iudicandis praesumptis apparitionibus ac revelationibus.* Dieses Dokument sieht zwei Möglichkeiten der Beurteilung einer Erscheinung vor: das *constat de supernaturalitate* (Feststellung der Übernatürlichkeit), das die offizielle Anerkennung eines übernatürlchen Phänomenes eröffnet, und das *non constat de supernaturalitate* (Nicht-Feststellung der Übernatürlichkeit). Die gebotene Vorsicht bei solchen Untersuchungen läßt keinen Raum für das Urteil eines *constat de non supernaturalitate* (Feststellung, daß keine Übernatürlichkeit vorliegt) zu. Positive Kriterien, die zur Urteilsbildung gehören, sind: das persönliche Verhalten der Seher, ihr Umgang mit der kirchlichen Hierarchie, die theologische Richtigkeit der Erscheinungen sowie ausgiebige und anhaltende geistliche Früchte. Negativ hingegen sind: theologische Irrtümer, Gewinnstreben, schwere moralische Vergehen der Seher, psychische Krankheiten, psychopathische Tendenzen, Psychosen oder Massenhysterie.

Der Teufel kann erscheinen. Und tut es, sogar unter den Zügen der Mutter Gottes oder Christi. Damit versucht er den Menschen in Verwirrung zu bringen, ihn von der Gegenwart Gottes abzubringen, sowohl im Leben als auch im Denken. Ich hatte einen guten Freund Bernhard, der mich einmal Ende der 90er Jahre aus Frankreich in Österreich besuchte. Christus sei ihm erschienen und habe ihm zwei Dinge gesagt: Er werde der nächste König von Frankreich sein und ich der nächste Papst. Ich freute mich über die Botschaft, hegte aber doch starke Bedenken hinsichtlich ihres Wahrheitsgehalts. Wie der Leser ahnen wird, traf keine dieser zwei „Prophezeihungen" ein. Zwei Monate später wohnte ich, immer noch als einfacher Ordenspriester und ohne römischen Prunk, dem Begräbnis eines ganz normalen Bürgers und keinerlei Königs bei, der sich das Leben unter schrecklichen Umständen genommen hatte und eine Frau und zwei Kleinkinder hinterließ. Von kaiserlicher Würde keine Spur, nur vom grinsenden Sieg des Versuchers ... Täuschungen kosten manchmal das Leben. Man spielt nicht umsonst mit dem Feuer, das den Göttern von den Vorfahren geraubt wurde.

Ein Geschäftsmann hatte Christusbotschaften erhalten, die er an die Politiker weiterleiten wollte. Man hatte ihm mich als Theologen empfohlen. Er wollte von mir wissen, ob ich als katholischer Theologe seine Botschaften bewilligen würde. Ich unterzog ihn einem kleinen Test und stellte ihm eine der trickreichsten Fragen der Dogmengeschichte, und wartete auf die Antwort seines Himmelsboten. Jener fiel in meine listige Falle und gab mir eine Antwort, die dem Lehramt der Kirche ganz eindeutig wiedersprach. Ich teilte dem Geschäftsmann per Brief mit, daß meine Frage und seine Antwort den Heiligen Geist zum ersten Mal in der ganzen Kirchengeschichte in Verlegenheit gebracht hätten, da er sich offensichtlich selbst widersprochen habe. Weil dieser Vorfall mit seiner biblischen Bezeichung als „Geist der Wahrheit“[17] nicht zu vereinbaren sei, befürchte ich eine Persönlichkeitsspaltung beim Heiligen Geist. Die Lage sei ernst. Mein Brief wurde unser letzter Kontakt.

Die Selbstoffenbarung Gottes fährt seit beinahe 4000 Jahren einen erprobten Kurs. Mit verschiedenen Mitteln bricht Gott immer wieder in unsere Geschichte ein[18]: durch Propheten, Wunder, bevorzugte Boten und auch die Weitergabe einer objektiven Botschaft, die des Glaubens, die sich allmählich entfaltete und durch die Jahrhunderte festigte. Den kommunistischen Freund aus der Studienzeit wunderte es, daß eine uralte Großmacht wie die Kirche dogmatisch immer nur auf einer Linie der Deutung der Welt gestanden und sich nicht mit dem Wind der Geschichte gedreht habe: „Das kennen wir im Kommunismus nicht“ sagte er mir. Der Begriff der Offenbarung *(revelatio)* faßt die Bemühungen Gottes zusammen: „Das Offenbarungsgeschehen ereignet sich in Tat und Wort, die innerlich miteinander verknüpft sind: die Werke nämlich, die Gott im Verlauf der Heilsgeschichte wirkt, offenbaren und bekräftigen die Lehre und die durch die Worte bezeichneten Wirklichkeiten; die Worte verkündigen die Werke und lassen das Geheimnis, das sie enthalten, ans Licht treten. Die Tiefe der durch diese Offenbarung über Gott und über das Heil des Menschen erschlossenen Wahrheit leuchtet uns auf in Christus, der zugleich der Mittler und die Fülle der ganzen Offenbarung ist."[19] Gott kommt der Verfassung des Menschen entgegen, die an den Leib gebunden ist: Er spricht zu ihm und zeigt sich ihm. Das Tun Gottes an den Menschen, in Jesus Christus offengelegt, wird zum Sakrament (d.h. Zeichen und wirksame Wirklichkeit) des Heiles. Erst in diesem Licht finden alle Erscheinungen und sonderbaren Phänomene ihren Deutungsrahmen. Der intellektuell verantwortete und gelebte Glaube wird zum Mittel dieser Kommunikation mit dem Jenseits.

Bekehrungen

Im Zusammenhang mit unserem Thema sind Bekehrungsgeschichten insofern eindrucksvoll, daß sie die unüberwindbare Distanz zwischen Himmel und Erde auf einmal vernichten. Gott steigt herab ohne Sanftmut, mit der Wucht seiner fürsorgenden Liebe, die er an seinem Geschöpf ausläßt. Der Betroffene kommt nicht ungeschoren davon. Vor seiner Bekehrung hat er nicht viel vom Himmel gehalten, nachher hat er bereits die Erde aus den Augen verloren.

Kann es tatsächlich Feuer regnen?

André Frossard (1915–1995) war der Sohn einer der Gründungsfiguren der kommunistischen Partei Frankreichs: Louis-Oscar Frossard. Die Lektüre des *Dictionnaire philosophique* von Voltaire und D'Alembert wurde ihm zum wichtigsten Begleitbuch seiner intellektuellen Reifung. Er studierte angewandte Kunst an einer Dekorationsschule in Paris, wollte allerdings Architekt werden. In seinem 20. Lebensjahr brach die Allgegenwart Gottes über ihn herein und stellte seine Weltanschauung endgültig auf den Kopf. Seine jahrelang geführte Chronik „Einsamer Reiter" *(Cavalier seul)* in der französischen Tageszeitung *Le Figaro* machte ihn extrem beliebt. Er wurde auch Autor von 27 christlich inspirierten Büchern und zuletzt am 18. Juni 1987 in die Académie Française aufgenommen. In seinem Bestseller *Gott existiert, ich bin ihm begegnet* berichtet er die Einzelheiten dieser „göttlichen Falle". Am 8. Juli 1935 tritt er unbekümmert in die Kapelle der Anbetungsschwestern in der Rue d'Ulm ein: „Es ist 17 Uhr 10 Minuten. In zwei Minuten werde ich Christ sein."[20] Seine Todesstunde als Atheist hat geschlagen. Später sagte er über dieses Ereignis, er habe seiner Geburtstunde beigewohnt:

„Zuallererst werden mir die Worte ‚geistliches Leben' eingegeben. Sie werden mir nicht gesagt, ich forme sie nicht selbst, ich höre sie, als würden sie neben mir mit leiser Stimme von einer Person gesprochen, die sieht, was ich noch nicht sehe.

Kaum hat die letzte Silbe dieses leisen Vorspiels die Schwelle meines Bewußtseins erreicht, da bricht von neuem die Lawine los. Ich sage nicht: der Himmel öffnet sich; er öffnet sich nicht, er stürzt auf mich zu, schießt plötzlich wie ein stummes Wetterleuchten aus der Kapelle empor, wo er – wie hätte ich es ahnen können? – auf geheimnisvolle Weise eingeschlossen war. Wie soll ich's schildern, mit diesen abgedankten Worten, die mir den Dienst versagen und mir die Gedanken abzuschneiden drohen, um sie in das Magazin der Einbildungen zu verweisen? Der Maler, dem es gegeben wäre, unbekannte Farben zu erschauen, womit sollte er sie malen? Es ist ein unzerstörbarer Kristall, von einer unendlichen Durchsichtigkeit, einer beinahe unerträglichen Helle (ein Grad mehr würde mich vernichten) einem eher blauen Licht, eine Welt, eine andere Welt, von einem Glanz und einer Dichte, daß unsere Welt vor ihr zu den verwehenden Schatten der nicht ausgeträumten Träume zurücksinkt. Es ist die Wirklichkeit, es ist die Wahrheit, ich sehe sie vom dunklen Strand aus, wo ich noch festgehalten bin. Es ist eine Ordnung im Universum, und an ihrer Spitze, jenseits dieses funkelnden Nebelschleiers, ist die Evidenz, die Person ist, die Person dessen, den ich vor einer Sekunde noch geleugnet habe, den die Christen unseren Vater nennen und dessen milde Güte ich an mir erfahre, eine Milde, die keiner anderen gleicht, die nicht die manchmal mit diesem Namen bezeichnete passive Eigenschaft ist, sondern eine aktive, durchdringende, eine Milde, die alle Gewalt übertrifft, die fähig ist, den härtesten Stein zu zerbrechen und was härter ist als der Stein – das menschliche Herz.

Ihr überwältigender Einbruch ist begleitet von einer Freude, die nichts anderes ist als der Jubel des vom Tod Erretteten, des gerade noch zur rechten Zeit aufgefischten Schiffbrüchigen, mit dem Unterschied allerdings, daß mir erst in dem Augenblick, da ich dem Heil entgegen emporgerissen werde, zum Bewußtsein kommt, in welchem Schlamm ich, ohne es zu wissen, versunken war – und ich frage mich, der ich noch mit halbem Leibe darin gefangen bin, wie ich darin leben, darin atmen konnte.

Zugleich ist mir eine neue Familie geschenkt worden: die Kirche, deren Aufgabe es ist, mich dorthin zu führen, wohin ich gehen muß, denn so viel ist klar, daß trotz des gegenteiligen Scheins mir noch eine Strecke Wegs zurückzulegen bleibt, die nur aufgehoben werden könnte durch die Umkehrung der Schwerkraft.

Alle diese Empfindungen, die ich in die ohnmächtige Sprache der Gedanken und Bilder zu übertragen mich mühe, sind gleichzeitig, sind eine in der anderen eingeschlossen, und nach Jahren noch werde ich ihren Gehalt nicht ausgeschöpft haben. Alles ist beherrscht von der einen Gegenwart, der zugleich jenseitigen und in unser aller, der unübersehbaren Versammlung Mitte weilenden Gegenwart des einen, dessen Namen ich nie mehr werde schreiben können, ohne daß mich die Sorge überfällt, seine Liebe zu verletzen, vor der ich stehe als ein Kind, dem das Glück zuteil geworden ist, Verzeihung zu finden, und das erwacht, um zu erfahren, daß alles Geschenk ist.“[21]

„Das Wunder dauerte einen Monat. Jeden Morgen fand ich mit Entzücken dieses selbe Licht wieder, das den Tag verblassen ließ, dieses selbe Gefühl der milden Güte, da ich nie vergessen werde und das mein ganzes theologisches Wissen ausmacht. Die Notwendigkeit, meinen Aufenthalt auf diesem Planeten zu verlängern, wenn dieser ganze Himmel zum Greifen nahe war, leuchtete mir zwar nicht ganz ein, und ich anerkannte sie auch mehr aus Dankbarkeit denn aus Überzeugung. Indessen verloren das Licht und die milde Güte jeden Tag ein wenig von ihrer Intensität. Schließlich verschwanden sie, ohne daß ich darum von neuem in der Einsamkeit zurückgeblieben wäre. Die Wahrheit sollte mir jetzt auf andere Weise geschenkt werden: ich sollte sie suchen, nachdem ich sie gefunden hatte. Ein Pater vom Orden vom Heiligen Geist übernahm es, mich auf die Taufe vorzubereiten, indem er mich in der Religion unterrichtete, von der ich, wie ich nicht noch einmal zu betonen brauche, nichts wußte. Was er mir von der christlichen Lehre sagte, erwartete und empfing ich mit Freuden."[22]

Menschlicher versus göttlicher Glaube

Was verbindet zwei Sturköpfe, denen auf dieselbe Weise ihre Werte umstürzen, Blaise Pascal (vgl. sein *Mémorial,* 1654) und Frossard? Was hatten ein Mathematikgenie und ein Kommunist im Abstand von vier Jahrhunderten auf demselben Damaskusweg erlebt, auf den keiner von ihnen vorbereitet war? Beide glaubten an sich, was für sie genug war und selbst in den Augen der Welt nur ein Stäubchen. Ein anderer wartete von Ewigkeit her auf seine Stunde. Ein solches Spiel war und bleibt unfair, werden manche sagen: die Gottheit gegen die Ameise, die Ewigkeit gegen die Zeit, das Allmächtige gegen das Ohnmächtige. Ernest Renan, Jean-Paul Sartre und andere „-isten" (Rationalisten, Existentialisten...) werden sich zu Lebzeiten gegen ein solches Einbrechen nicht nur zu Unrecht gewehrt haben; sie werden sich lediglich darum bemüht haben, die Stunde der furchtbaren Begegnung, addiert zu einer Rechenschaftsablegung der damaligen Ablehnung, um einige erbärmliche Jahre verzögern.[23]

In der Zwischenzeit werden sie nicht viel an menschlichem Glauben gewonnen haben, da sie die Wette von Pascal[24] von der verkehrten Seite angegangen sind: sie haben die Nicht-Existenz Gottes postuliert und sind dadurch zu Verlierern geworden: in den folgenden Jahrhunderten wird ein göttlicher Täter weitere, ähnliche Opfer verlangen, die von jener mystischen Furcht ergriffen sein werden, daß sie sich nicht mehr davon erholen werden. Warum handelt Gott so „respektlos"? Scheinbar möchte er nur einen fast unmerklichen Tausch vollziehen, das „*Ich* glaube" in ein „*Wir* glauben" verwandeln. Das einsame Ich soll aus seiner Isolation heraustreten und sich als in-der-Gemeinschaft-der-Glaubenden-zuhause erkennen. Durch die Gabe des Glaubens schafft Gott aus zerbrechlichen „Ichs" Steine eines lebendigen Tempels, der er selber ist (vgl. 1 Kor 3,16–17; Offb 21,22). Im rauschenden Bach der göttlichen Barmherzigkeit haben seine Opfer alle Waffen nicht nur abgelegt, sondern restlos verloren und einen fast unbedeutenden neuen grammatikalischen Punkt begriffen, den Unterschied zwischen *gegen* und *in*. Es ging gar nicht um die Gottheit gegen die Ameise, die Ewigkeit gegen die Zeit, das Allmächtige gegen das Ohnmächtige, sondern um die Gottheit *in* der Ameise, die Ewigkeit *in* der Zeit, der Allmächtige *im* Ohnmächtigen. Ausgehend von einem menschlichen Glauben an sich sind sie zum im ewigen Sein ruhenden Gegenstand des göttlichen Glaubens gekommen, zum lebendigen Gott.

Sakramentale Wunder

Aus aller Welt sind alte und junge eucharistische Wunder bekannt: Lanciano (8. Jh.), Turin (6. Juni 1453), Tumaco (1906), Chirattakonam (2001)... Ich möchte nun meinem Leser zwei Wunder erzählen, die obwohl klein noch stärker auf das Gemüt einwirken, weil ich sie beide persönlich erleben durfte.

Eine Beamtin einer internationalen Organisation kam in einer äußerst schmerzhaften persönlichen Lage zu mir. Das erste

Gespräch verlief reibungslos und ging nicht in die Tiefe. Sie brauchte Zeit, um in dieser fremden christlichen Umgebung Fuß zu fassen. Sie war ohne jeglichen Glauben aufgewachsen. Mutter russische Agnostikerin, Großvater Rabbi, soweit ich mich erinnern kann. Drei Wochen später kam sie ein zweites Mal und sagte mir sofort: „Ich weiß, was mein Problem ist: Ich kenne Gott nicht." Ich bat sie um fünf Minuten Gnadenzeit, lief hinunter in die Kapelle, und vergewisserte mich, daß das Allerheiligste Sakrament ausgesetzt war. Ich nahm sie bei der Hand und führte sie (ich mit meinem langen Ordensgewand und sie mit ihrem schicken, sehr kurzen Rock) in die Edith Stein Kapelle, in der die Anbetung des Allerheiligsten stattfand. Ich stellte sie vorne in die Dunkelheit. Sie schaute sich um und ihr Blick kam langsam dorthin, wo die Hostie war. Diese kurze Zeit der Stille wurde zur schrecklichsten meines Lebens. Ich konnte nicht anders als Gott auf die Probe stellen und sagte ihm: „Entweder bist du wirklich und nicht nur subjektiv (für denjenigen, der glaubt) da, und tust nun was für sie, oder ich weiß nicht mehr, was ich von nun an von deiner Gegenwart in der Eucharistie erzählen kann ..." Zu diesem Zeitpunkt war ich nicht charismatisch angehaucht; dennoch breitete ich in der Dunkelheit die Hände in ihre Richtung aus, und flehte um das Herabfallen der göttlichen Gnade. Es war kurz von Weihnachten. Nach einer Viertelstunde setzte ich mich zu ihr und erzählte ihr von der Schlichtheit des Herrschers aller Welt, der den Weg der Demut gewählt hatte, um unser Herz zu erobern. Wiederum nach einer Viertelstunde sagte sie mir: „Let's get out of here!" Draußen bemerkte ich, wie tief berührt sie war, wie feucht ihre Augen waren, wie sie ihre Tränen gerade noch zurückhielt. Ich wußte nicht, was ich ihr sagen sollte und fragte sie: „Nun, wie war's?" Die Antwort traf mich mitten ins Herz: „Nie in meinem Leben habe ich mich so geliebt gefühlt. Aber ich weiß nicht, von wem." Heute ist sie getauft.

Drei Wochen nach meiner Priesterweihe am 28. Januar 1995 wurde ich gebeten, bei einem Besinnungstag in Paray-le-Monial (das Altötting Frankreichs) Beichten abzunehmen. Da mehrere Priester ausgefallen waren, hörte ich insgesamt sieben Stunden lang Beichten. Gegen 15 Uhr tauchte ein LKW-Fahrer im Beichtsstuhl auf, ein echter LKW-Fahrer, wie man ihn sich vorstellt: kräftiger Körperbau, oben nur mit einem Unterhemd bekleidet und mit einer sehr trivialen Ausdrucksweies. Als er an diesem Tag auf der Schnellstraße, die an Paray-le-Monial vorbeiführt, unterwegs war, wurde er kurz vor der Abzweigung stadteinwärts, gerade dort, wo ein unübersehbares Verbotschild für LKWs steht, inspiriert, dennoch mit seinem 38-Tonnen-Laster in die Innenstadt zu fahren. Ich konnte es nicht fassen, daß er sich mit seinem Monster durch die letzten mittelalterlichen, verzwickten Gassen durchgeschlichen hatte, um auf dem extrem engen Parkplatz vis-à-vis der Kirche stehenzubleiben, wo ich im Beichtstuhl saß. Er wollte drei Dinge nicht, die er mir sofort unterbreitete: in die Innenstadt fahren – er konnte dafür seinen Führerschein entzogen bekommen und damit seinen Arbeitsplatz verlieren –, er wollte mit keinem Pfarrer reden, und – als Krönung – auch keineswegs beichten, da er noch dazu nicht mehr wußte, wie es ging. Ich fragte ihm: „Und warum knien Sie nun im Beichtsstuhl vor mir?“ Das wußte er gewiß nicht. Die Zeit stand still, das Gespräch wurde zu einer Lebensbeichte. Er beichtete doch, sogar so schlimme Sünden, daß ich zuerst nicht glaubte, solche Sünden könnten überhaupt existieren. Zum Schluß wußte ich nicht mehr, wer von uns am meisten Tränen vergoß: ich in der Dankbarkeit, daß Gottes Barmherzigkeit so groß sein konnte, oder er, daß er doch von Gott so unbegrenzt geliebt war. Nicht nur die Heiligen dürfen zu Gott hinkommen, sondern besonders die Sünder (gemäß Mk 2,17).

Heilungen, Stigmatisierungen, Erscheinungen, Bekehrungen, Sakramentale Wunder ... Die Natur überbietet sich vielfach, wenn sie in Kontakt mit der Gnade tritt. Den durch unseren Höhenflug erzeugten Druck wollen wir nun mit Hilfe der Schutzengel abzubauen versuchen.

SCHUTZENGEL ALS DIENER EINER DYNAMISCHEN GEISTIGEN ORDNUNG

„Wo bleibt da die Hilfe der Schutzengel?
Warum haben sie die Feuersbrunst nicht verhindert?"
CHRISTIAN PESCH, DIE HEILIGEN SCHUTZENGEL, 72

Wir hatten die Engel in Ruhe gelassen, nun fliegen sie uns in diesem Kapitel mit starken Wind entgegen. Die Schönheit und Stille der Ausübung der liturgischen Dienste der unterschiedlichen Chöre der Engel im *aevum* ist tatsächlich eine sehr geheimnisvolle Betrachtung. Sie bleibt insofern unvollkommen, als daß die Engelhierarchien sich bis zur Erde herabneigen: die niedrigste Hierarchie der Engel, die Schutzengel, stehen über der Erde und bestimmen das Schicksal der einzelnen Menschen mit.

Wir wollen nun den Rückweg gehen, vom Menschen zum Engel, mit einer besonderen doppelten Vorsicht. *Zum einen* sind Engel keine Naturlückenstöpsel nach dem Motto: „Wo die Natur nicht mehr Rechenschaft über ihr Tun zu geben imstande ist, dort schalten sich die Engel ein." So plump ist die Weisheit Gottes nicht. *Zum anderen* laufen Dinge in Wahrheit umgekehrt zu dem, was unserem üblichen Verständnis geläufig ist. Gott hat sich nämlich eine geordnete Schöpfung gedacht, deren Ordnung sowohl dem Wesen der Dinge als auch dem Werden des Universums zugrunde liegt. Daher ist der Glaube der Wissenschaft nicht nach-, sondern vorgeordnet. Dabei entsteht weder für die Wissenschaft noch für den Glauben ein Schaden. Jeder lernt auf der Höhe zu fliegen, wo er am besten atmen kann.

Von Menschen, die ihrem Schutzengel begegnet sind

Geschichten über Schutzengel lesen sich wie ein Krimi, allerdings ohne Verbrechen, nicht als schwarzes Literaturstück, sondern viel schöner gewiß als ein vom Licht durchflutetes Buch.

Die junge Audrey Stevenson (1983–1991) ist ein merkwürdiges Beispiel der Art und Weise, wie Gott einen Menschen in der kurzen Zeit seines Lebens (acht Jahre) erobert hat. In einer irisch-amerikanischen Familie als zweites Kind geboren, in Paris aufgewachsen, zeigte sie sehr früh eine außergewöhnliche Nähe zum Übernatürlichen, so daß ihre Eltern nicht selten den Eindruck hatten, ein Unbekannter unterweise sie geheim zu Hause.

Als sie vier Jahre alt war, nahm sie einmal ihr Großvater auf einen Spaziergang mit und trat in ein Kaufhaus ein. Einen Augenblick verlor er sie aus den Augen, und sie war weg. Trotz ausgiebigem Suchen war es ihm unmöglich, Audrey ausfindig zu machen. Sehr besorgt rief er ihre Mutter an: „Sie ist verschollen!" Im gleichen Augenblick klopfte Audrey an der Tür des Hauses und erzählte ihrer Mutter: „Ich bin verlorengegangen. Dann bin ich zu einer Dame gegangen und habe ihr gesagt, daß ich verlorengegangen bin. Sie riet mir, zur Polizeiwache zu gehen (die Dame hatte ihr zu schwierige Erklärungen gegeben, um ihren Weg wiederzufinden), dann habe ich zu meinem Schutzengel gebetet und bin geradewegs hinter Jesus hergelaufen."[1] Die Beschreibung ist um so erstaunlicher, wenn man sich auf einem Stadtplan von Paris die 900-Meter-Strecke anschaut, die dieses vierjährige Kind allein quer über Pariser Avenues zurücklegen mußte, ohne einen Kratzer zu erleiden.

P. Gereon Goldmann OFM (1916–2003) hat in einem Bestseller beschrieben, wie er als Ordensmann und Priester das Dritte Reich erlebt und überlebt hat. Er war nach Abschluß seines Philosophiestudiums zur Wehrmacht eingezogen worden ...

„(...) ereignete sich der merkwürdigste, ja unglaublichste Vorfall meiner ganzen Militärzeit. Nach vierzehntägigem Einsatz waren wir total übermüdet, ein großer Teil unserer Truppen war ausgefallen, tot, verwundet oder gefangen. Endlich gab er Ersatz. Nach der Ablösung durch frischeingetroffene Soldaten lagen wir in einem engen Tal am Fuße hochragender Berge. Bis zum Meer waren es wohl noch 2 km, die Front war vielleicht drei Kilometer entfernt, auch sie von uns durch einen Bergrücken getrennt. Es mag 8.00 oder 9.00 Uhr abends gewesen sein, da hörten wir schweren Geschützlärm aus der Ferne. Natürlich, das waren nur Abschüsse der Amis, denn wir hatten ja keine schweren Waffen mehr. Es dauerte keine Stunde, da kamen die Verwundeten. Ich legte sie in dem engen Tal auf die bloße Erde unter die Olivenbäume und versorgte sie nach besten Kräften. Erst nach Mitternacht war ich damit fertig, müde und erschöpft. Die etwa 30 Verwundeten lagen, wie ich meinte, gut geschützt; die meisten schliefen, einige stöhnten. Sie waren so schwer verwundet, daß eigentlich für sie keine Hoffnung mehr bestand. Da nun nichts mehr zu tun war, legte ich mich hin, nachdem ich zwei Wachen eingeteilt hatte, eine unten im Tal, die andere oben zum Berghang hin, und schlief ein. Plötzlich wurde ich hellwach, weil ich hörte, daß mir jemand etwas zurief. Schlaftrunken glaubte ich ‚schnell' und ‚graben' vernommen zu haben. Aber das war ja ganz unmöglich. Ich sah nach, ob sich ein Verwundeter gemeldet hätte. Doch alle waren ruhig; zwei waren inzwischen gestorben. Ich schaute auf die Uhr: zwei Uhr nachts. Wieder legte ich mich hin und hörte im gleichen Moment laut und deutlich rufen: ‚Sofort aufstehen, schnell, schnell, ein Splitterloch graben.' Ich wurde böse, weil ich glaubte, einer der Posten wollte mich necken und fuhr ihn an, das dumme Rufen zu lassen. ‚Aber, Herr Unteroffizier, hier hat doch niemand gerufen', behauptete er. Auch der andere Posten versicherte mir, daß alles ruhig sei. Was aber war los? Ich hatte doch ganz deutlich die Worte verstanden. Hellwach lehnte ich mich mit dem Rücken an einem Baum und schaute zu den Sternen auf. Aller Schlaf war verflogen. Eine mir bisher unbekannte Unruhe hatte mich gepackt. Und dann zum dritten Mal der Ruf,

noch dringender, fast drohend: ‚Höchste Zeit! Sofort ein Splitterloch graben!' Ich sprang wütend auf und rief: ‚Wer stört mich da dauernd?' Auf mein lautes Rufen rannten beide Wachen herbei und fragten, warum ich denn mitten in der Nacht so schreie? ‚Ja, habt ihr denn die Stimme nicht gehört, das ganze Tal dröhnt doch davon?' Die beiden schauten sich komisch an. Der eine meinte, ich hätte wohl geträumt, während der andere eine bezeichnende Geste zum Kopf machte ...

Ich aber konnte nicht daran zweifeln, diese Stimme gehört zu haben. Angst und Unruhe packten mich aufs neue. In meiner Verwirrung begann ich etwas, was ich im ganzen Feldzug nicht ein einziges Mal getan hatte: Ich ergriff Pickel und Spaten und begann, wie wild ein Splitterloch aufzuhacken. Nicht gewohnt, solche Arbeit zu tun, hatte ich nach kurzer Zeit Blasen an den Händen. Mit Tagesanbruch wachten meine Krankenträger auf, standen staunend um mich herum: der Unteroffizier arbeitet, nachts, zum ersten Mal. Sie sahen mein halbfertiges gegrabenes Loch. Einer witzelte: ‚Nun ist der Krieg ja schon fast gewonnen, wenn selbst die Unteroffiziere arbeiten.' Ich kümmerte mich nicht darum und schaffte verbissen weiter. Mein Fahrer kam mit dem Morgenkaffee. Verwundert schaute er mich an, als ich meinte, er habe doch Frau und Kinder und solle so schnell wie möglich für sich ein Splitterloch graben. Er wollte wissen, warum das nötig sei. Ich antwortete, daß ich zu Erklärungen keine Zeit habe, die bekomme er später. Er kannte mich als einen ruhigen Mann, der keine überstürzten Befehle gab, und begann nun seinerseits, von meinem Benehmen überrascht, mit Spitzhacke und Spaten zu arbeiten. Die anderen Soldaten sagten, daß ein neu ausgebrochener Virus nun schon den zweiten befallen habe. Mein Fahrer war ein geübter Arbeiter, sein Splitterloch nahm viel schneller als meines die nötige Form an. Es war neun Uhr, als von einem Schiff im Hafen Sirenensignal kam. Ich hatte mit nacktem Oberkörper, nur mit der Hose bekleidet, gearbeitet, fand nun, daß mein Schutzloch groß genug war, kroch heraus und zog mir das Hemd an, in dessen Brusttasche das hl. Sakrament war. Jetzt durfte ich mich etwas ausruhen von der ungewohnten Anstrengung. So legte ich mich, wohlig ausgestreckt, in das soeben gegrabene Loch. Aufsehend packte mich der Schrecken: Ganz oben kreisten zehn, zwölf der gefährlichen Doppelrumpfflugzeuge, Bomber, die uns so oft Verderben gebracht hatten. Ich rief: ‚Alarm!' Alle standen unbeweglich, hoffend, daß wir noch nicht entdeckt seien. Aber es war zu spät. Wie die Geier stürzten sich die Flugzeuge auf das enge Tal und warfen ihre Bomben ab. Alles suchte hastig irgendeine Deckung. Ich dachte urplötzlich: Schnell auf den Bauch! Ich lag ja immer noch mit dem Rücken nach unten. In dem Moment, da ich mich umdrehte, um das Allerheiligste zu schützen, regnete es Stahl, Steine, Erde und Staub. Ich stützte mich mit den Armen etwas hoch, damit mir Luft zum Atmen bliebe. Nach 20 Minuten wurde ich bewußtlos von Soldaten aus dem Loch gezogen. Sie waren nach dem Angriff vom Hafen her zu Hilfe geeilt. Nach langer künstlichen Beatmung kam ich zu mir und sah, daß nur mein Fahrer und ich unverletzt waren, abgesehen von einigen kleinen Splittern in meinem Rücken. Alle anderen waren tot oder schwer verletzt. Der Tod hatte furchtbare Ernte in dem engen Tal gehalten.

Wer hatte mich da mitten in der Nacht gerufen? Wer hatte mich gewarnt und gerettet?

Drei Wochen später kam ein Brief aus Fulda von der Schwester Sakristanin mit dem Inhalt: ‚Ich konnte nachts plötzlich nicht mehr schlafen und hatte schrecklich Angst um Dich. Ich ging in die Kapelle und habe stundenlang für dich gebetet. Das war um 2.00 Uhr nachts. Schreibe doch bitte, ob etwas passiert ist.' Der Brief war am Morgen nach der Nacht geschrieben, in der ich das laute Rufen gehört hatte.

Von diesem Tag an begann ich mehr als zuvor zum hl. Schutzengel zu beten, den die gute Schwester, wie ich wußte, so innig verehrte."[2]

Wie alt ist mein Schutzengel?

Eine der ältesten Erscheinungen von Engeln, die eine Schutzfunktion für den einzelnen übernehmen, ist der Engel, den Jakob/Israel zur Segnung von Joseph anrief, „der Engel, der mich erlöst hat von jeglichem Unheil“ (Gen 48,16). Ein Prophet aus dem sechsten Jahrhundert vor Christus, Ezechiel, wird von einem besonderen Geist geführt, der ihm Visionen gibt und sie auch auslegt. Dieser Geist hat eine persönliche Natur, er unterscheidet sich von Gott, der zum Propheten spricht („Das Wort des Herrn erging an mich“), kommt in den Propheten hinein: „Der Geist kam in mich hinein“ (Ez 2,2), hebt ihn auf (Ez 3,12) und treibt ihn fort (Ez 3,14). Ebenfalls wird Zacharias (500 vor Christus) von einem Deute-Engel erleuchtet (Sach 1,8), dem „Engel des Herrn“. Dieser Engel erscheint in menschlicher Gestalt (im Unterschied zum Engel des Herrn vom Buch Genesis), beauftragt ihn, was er verkünden soll: Drohung gegen die Nachbarvölker Israels, Erbarmen für Jerusalem, wenn es umkehrt. Das *äthiopische Henochbuch* (3.–1. Jh. vor Christus) bestätigt, daß das Judentum die Schutzengel als „Wächter“[3] kannte. 200 vor Christus übernimmt Raphael den Dienst des Schutzengels für den jungen Tobit, obwohl er einem höheren Rang als dem der Schutzengel angehört, um Tobit zu führen (Tob 5–12).

Im Neuen Testament belegen zwei diskrete Stellen die Schutzfunktion eines Engels zu einem Menschen. Christus sagt über die Engel der Kinder: „Hütet euch davor, einen von diesen Kleinen zu verachten! Denn ich sage euch: Ihre Engel im Himmel sehen stets das Angesicht meines himmlischen Vaters“ (Mt 18,10). In der Apostelgeschichte wird Petrus, der auf wunderbare Weise von einem Engel aus der Gefangenschaft befreit wurde, mit seinem Schutzengel verwechselt, als er zu den versammelten Aposteln kommt (Apg 12,15).

Mit dem Kommen des Messias ändert sich grundlegend das Verständnis des Schutzes durch die Engel. Der Engel der Nation legt sein Amt zugunsten des Schutzengels des einzelnen in zweifacher Hinsicht nieder. Zum einen sollten im Alten Testament die Engel der Nationen auf Gottes Hilfe vertrauen, der ihnen den Sieg geben sollte. Die Engel, die als Engel der Nationen dienten, werden noch im apokryphen Buch Henoch als siebzig Hirten bezeichnet,[4] die die Völker führen. Das Buch Daniel belegte den Konkurrenzkampf der Engel der Völker mit dem Engel des Volkes Israel (Dan 10). Durch die Universalität des Heiles, die Christus bringt, werden die Unterschiede der Völker aufgehoben. Christus ist der Herr der Geschichte und aller Völker. Durch den universalen Charakter der Erlösung endet die Mission der Engel der Völker.

Zum anderen wird die führende und schützende Funktion der Engel auf den einzelnen übertragen. Davon ist Basilius Zeuge: „Inmitten der Engel (...) stehen manche Nationen vor, andere stehen den Gläubigen bei (...) Daß jeder Gläubige einen Engel hat, der ihn als Pädagoge und Hirte zu führen hat, enspricht der Lehre des Mose."[5] Für ihn bleibt der Engel beim Schützling, solange dieser nicht sündigt, und er behütet ihn, wie er eine Armee behütet. Für Origenes leitet der Engel seinen Schützling wie ein Vater.[6] So wirkt bei den Vätern die Analogie zwischen dem Engel der Nationen und dem Schutzengel. Ab der Geburt ist der Säugling den Mächten des Bösen unterworfen. Vor Christus warteten die Engel auf den Schutz, den sich sich von Gott erwarteten. In Christus ist eine neue Zeit eingebrochen. Obwohl der böse Engel uns weiter angreift, siegt der gute Engel, der auf Christus gestützt ist.[7]

Bei den Kirchenvätern ist der Schutzengel sehr aktiv. Zahlreiche frühe Theologen stützen sich auf Matthäus (18,10), um jedem Menschen einen Schutzengel zur Seite zu stellen.[8] Der Schutzengel wird mehrere Funktionstitel übernehmen: Wächter, Hüter, Vorsteher, Verwalter, Aufseher, Helfer, Hirte.[9] Diese letzte Funktion leitet sich auch von unterschiedlichen Motiven der Mythologie her. Eusebius setzt einen bedeutsamen Kontrapunkt: „Den sündigen Menschen gibt Gott Schutzengel, allen (Sündern und Gerechten) hat er seinen Erstgeborenen Sohn als Vorsteher gegeben."[10] Drei Hauptaufgaben übernimmt der

Engel gegenüber seinem Schützling: er wird zum Engel des Friedens, der Buße und des Gebetes. Der Engel des Friedens findet sich bereits in der jüdischen Apokalyptik und wird von Basilius übernommen, der Gott darum bittet, den Reisenden „einen Engel des Friedens als Weggefährten (zu geben), der ihm zu Hilfe kommen möge.“[11] Dieser leibliche Friede wird dann auf die Seele übertragen werden: „Die Beschauung der Engel wirkt sanft und friedlich, sie bringt Freude und Jubel hervor.“[12]

Über die Ausdehnung der Autorität der Schutzengel herrscht bei den Vätern lange keinen Konsens: haben die Heiden Schutzengel oder nur die von Christus Erlösten? In dieser Frage schwankt Origenes selber, gleichwohl um zu sagen, wann der Schutzengel seine Funktion aufnimmt, bei der Empfängnis[13] oder ab der Taufe.[14] Bis Albertus Magnus weiß der Gläubige noch nicht recht, daß der Schutzengel seinen sündenden Schützling in der Zeit der Versuchung nicht verläßt. Trotz Versuchen, die Behauptung zu wagen, daß Menschen einen Schutz vom höheren Rang erhalten können als den eines Schutzengels, schließt sich die Mehrheit der modernen Theologen nach der Reformation der Meinung an, dies sei ein äußerst seltener Vorfall. Diejenigen Menschen, die wegen öffentlicher Ämter einer höheren Klugkeit bedürfen, werden dennoch in die Obhut eines zweiten Schutzengels gegeben, dem „Schutzengel der Aufgabe“.

Im monarchisch geprägten Bild des Hochmittelalters rückt der Schutzengel in die allgemeine Ordnung der Engelhierarchie ein, er darf nicht durch eigenartiges Verhalten auffallen. Der *Doctor angelicus* widmet ihm eine ganz *quaestio* seiner *Summa theologiae* (Ia q. 113). Darin stellt er den Menschen unter den Schutz des Engels, der wiederum im Dienst Gottes steht, so daß er nicht immer den Menschen vor allem bewahrt: er läßt ihn prüfen[15]. Thomas fragt in einem anderen Artikel in den *Quaestiones disputatae:* Ob der Mensch von einem Engel unterrichtet werden kann?[16] Ganz überraschend für den aufgeklärten rationalistisch denkenden Menschen zeigt er, daß

Gott den Menschen durch den Engel sehr wohl unterrichten kann, sogar in zweifacher Hinsicht: der Engel erleuchtet den Menschen im Zuge der Erkenntnis der Dinge und beim intuitiven Begreifen der Dinge.[17] Der Engel denkt nicht anstatt des Menschen, er steht ihm dabei bei. Seine Funktionen werden vielfältig beschrieben, dreifach bei den Vätern durch die Herzensregungen, die er in uns hervorruft (Engel des Friedens,[18] Engel der Buße,[19] Engel des Gebetes[20]), bis zu zwölf bei Bonaventura[21] und sechs bei Suarez:

1. Er beseitigt die Gefahren des Leibes und der Seele
2. Er spornt die Seele zum Guten an und wendet sie vom Bösen ab
3. Er neutralisiert die boshaften Interventionen der Dämonen
4. Er präsentiert Gott unsere Gebete
5. Er unterstützt brüderlich unser Gebet durch sein Gebet.
6. Er korrigiert seinen Schützling.[22]

Die lehramtliche Anerkennung der Rolle des Schutzengels erfolgt in der Bulle *Admonet nos* vom 18. April 1518 durch Papst Leo X., der die Entscheidung vom Bischof von Rodez, François d'Estaing bestätigte, welcher in seiner Diözese für das Datum vom 1. März ein Fest des Schutzengels einführte. Die Neuzeit beschäftigte sich weniger mit den Engeln; das Pflegen einer persönlichen Freundschaft mit dem Himmelsfreund blieb einzelnen überlassen. Zahlreiche Ordensleute, die ein Gespür für die Engel hatten, haben himmlische Melodien wahrgenommen, z.B. Karmelitinnen: Maria von der Inkarnation (1566–1618) oder Anna von der Himmelfahrt (1593–1644). Heilige Priester haben eine besondere Beziehung zu den Engeln gehabt: Don Bosco (1815–1888), Guilio Castelli (1846–1926), Padre Pio; auch Päpste wie Pius XI. und Pius XII., aber ebenso Laien wie Gemma Galgani (1878–1903) oder Gabrielle Bitterlich (1896–1978).

Wer ist der Schutzengel?

Im Jahre 2001 befragte das Institut für Demoskopie Allensbach 2000 deutsche Erwachsene: „Glauben Sie, daß Sie einen persönlichen Schutzengel haben?“ 43 % behaupteten es. Im Auftrag des Magazins GEO veröffentlichte das Meinungsforschungsinstitut Forsa im Jahre 2005 folgendes Ergebnis: unter 1000 Personen ab 14 Jahren vertrauen ca. zwei Drittel aller Deutschen auf die Hilfe von Schutzengeln. Eine repräsentative Umfrage des Instituts für Demoskopie Allensbach im September 2006 ermittelte eine ähnlich hohe Verbreitung des Schutzengelglaubens. Bei etwas anderer Fragestellung gaben die Hälfte der Befragten an, sie glaubten, daß sie von einer höheren Macht beschützt seien. Die Frage, ob man es selbst erlebt habe, bejahten 23 Prozent.

Athene und Zeus sind in der Antike vorbildhafte *Time-Manager:* Sie nehmen an allem teil, was Menschen tun: sie inspirieren, basteln mit, helfen in Kriegs- und Staatsangelegenheiten, strafen, verlieben sich in Menschen, vor allem in Frauen ... Sie tragen stark anthropomorphe Züge. Mehr bescheiden verhalten sich Schutzengel: Sie üben die Schutzfunktionen an den zwei Extremen des Lebens aus, bei der Geburt und beim Tod, wie sie auf der Kuppel der Taufkapelle der Kirche San Marco in Venedig abgebildet sind. Auf dieser Abbildung aus dem 13. Jahrhundert stehen Engel und Erzengel der Geburt bei, *dominationes* (vgl. S. 45) übernehmen die Funktion der griechischen Nike beim Tod und wiegen die guten Taten der Seele. Überall dort, wo die Natur – die Beschaffenheit des Menschen – in Eigenverantwortung zu wirken hat, lassen die Engel die Menschen wirken. Das Patronat für die Korporationen, den Ehrenschutz für die Wirtschaftsbranchen hat die Kirche mit Weisheit Schutz-„Patronen“ übergeben: Sie kennen sich in materiellen Angelegenheiten viel besser aus als die Engel. Dabei rückt die theologische Funktion der Engel keineswegs ins Abstrakte, wie wir sehen werden. Vielmehr bestimmen sie den Feinschliff der menschlichen Aktivitäten, die ohne sie stets Gefahr laufen, einem Dilettantismus anheimzufallen.

Der Schutzengel als *Coach*

„Der Engel der Gerechtigkeit ist zart und schamhaft und ruhig. Wenn nun dieser in deinem Herzen aufkommt, spricht er sogleich mit dir über Gerechtigkeit, über Keuschheit, über Würde und über Genügsamkeit und über jedes gerechte Werk und über jede herrliche Tugend. (...) Siehe nun auch die Werke des Engels der Bosheit. Zuallererst ist er jähzornig und verbittert und unvernünftig, und seine Werke sind böse, indem sie die Sklaven Gottes verführen."[23]

Engel und Mensch sind so unterschiedlich, daß mit Recht vermutet werden kann, sie könnten schwer miteinander in Kontakt treten. Doch scheinen sowohl die Religionsphilosophie als auch der Hausverstand, ja sogar soziologische empirische Studien das Gegenteil zu beweisen. Die göttliche Vorsehung hat ein so komplexes und feines Räderwerk zusammengestellt, daß eine solche Zusammenarbeit im Alltag nicht nur möglich ist, sondern tatsächlich erfolgt, und in einer erstaunlichen Weise, dir wir hier darlegen möchten.

Offene Natur des Menschen

Was bedeuten wirklich die Eigenschaften des Wesens der Engel, die wir etwas bildhaft als einzigartig im Sein, feuerartig und abrufbereit bezeichnet haben? Der Engel und der Mensch haben viel Gemeinsames, das sie wiederum von einander streng unterscheidet.

Der Mensch besitzt eine Seele, die aus einem Verstand (Fähigkeit zu denken) und einen Willen (Fähigkeit zu lieben) besteht. Der Verstand des Menschen nimmt die Dinge durch die Sinne wahr und abstrahiert aus den Einzelheiten das Wesen der Wirklichkeit. Dies geschieht durch einen doppelten Vorgang: das Räsonieren (Erwerb einer tieferen Kenntnis durch eine erste gröbere Kenntnis) und die Abstraktion (Distanznehmen zu den Besonderheiten, damit die Haupteigenschaften wahrgenommen werde können). Der Verstand des Engels hingegen ist viel realistischer: er nimmt unmittelbar das Wesen der Dinge in der Wirklichkeit wahr.

Der Wille des Menschen ist noch komplexer als sein Verstand: der Verstand muß zuerst das Gute eines Gegenstandes/einer Situation wahrnehmen, und der Wille muß zugleich die Erfahrung machen, daß dieser Gegenstand eine Anziehungskraft auf ihn ausübt: „Ich will das." Erst dann kann der Mensch diesen Gegenstand anstreben. Der Wille des Engels richtet sich unmittelbar auf das Gute, das sein Verstand erkannt hat. Deshalb ist es schwer zu begreifen, wie der Engel, dessen Wesen blitzartig auf das Gute und das Wahre ausgerichtet ist, sündigen kann. Dies haben wir oben kurz darzulegen versucht.

Blitzartig im Dienst der Erkenntnis

Der Verstand genügt sich nicht selbst, er ist auf zwei natürliche Hilfen angewiesen: die Notwendigkeit eines Gegenstandes, der von außen auf ihn zukommt; die ontologische Hilfe einer Kausalursache, die ihn zum tatsächlichen Denken antreibt.

Der Verstand ist an sich die Fähigkeit zu denken. Die klassische Philosophie wird ihn eine *Potenz (Potentialität)* nennen, das heißt etwas, das zur Wirklichkeit oder *Aktualisierung* kommen kann. Der Schlafende kann sehen, auch wenn er jetzt aktuell nicht sieht, der Blinde kann nicht sehen und wird es nie können. Nun zeigt die Natur, daß das, was an sich in Potenz ist, nicht von sich aus zur Aktualisierung kommen kann: Auch wenn der Samenkorn „von alleine" wächst, unterscheidet dabei der Philosoph das aktive *formale* und *effiziente* Lebensprinzip (in dem Fall die vegetative Seele, die für die Zellenteilung zuständig ist) von dem *materiellen* Prinzip – der Stoff, der durch die Gegenwart des Lebensprinzips zum Wachsen kommt. Die Potenz jeder einzelnen Tätigkeit des Lebens kann erst durch eine größere Potenz (oder besser gesagt eine größere Aktualität) von der *Potenz* zum *Akt* kommen.

Der Verstand ist eine Potentialität zum Sehen, das erst durch den gesehenen Gegenstand aktualisiert wird. Der Gegenstand ist die *conditio sine qua non* des Denkens, er bringt dennoch nicht den Denkakt hervor; auch der sogenannte tätige Verstand tut es nicht. Ich bin tatsächlich derjenige, der den Akt des Denkens setzt – kein anderer denkt durch mich – aber ich kann bis ins letzte nicht bewirken, daß mein Verstand z. B. angesichts einer zu komplexen Wirklichkeit sich „von alleine“ aktualisiert, wenn ich den falschen Zugang zur Anlayse der Tataschen anwende.

Die Konsequenz räumt dem Schutzengel einen Platz ein. Thomas sah die Hilfe des Schutzengels zum Lernen zweifach: entweder bewege der Schutzengel den Verstand des Schützlings durch Bilder zum Gegenstand oder er verstärke das Licht des tätigen Verstandes, das sich dem Gegenstand zuwendet. Der Engel kann diese zwei Mitursächlichkeiten ausüben, gerade in dem Moment, wo *ich* selber denke. Thomas ließ eine dritte Funktion aus, die des Urteils über das Sein, für die er das Denkwerkzeug nicht entwickelt hatte, den aristotelischen *nous* auf seine ursprüngliche Funktion der Erkenntnis der nicht durch Räsonieren erworbenen Prinzipien zu prüfen.[24] Es gibt Dinge, die ich nicht sehe, einfach weil mein Verstand keine Gewohnheit hat, sich mit diesen Dingen zu beschäftigen. Der Engel kann, und er tut es, meine Aufmerksamkeit auf einen Gegenstand, der da ist, richten, den ich durch Betriebsblindheit nicht gesehen hatte. Das, was wir schöpferische Idee, Intuition, neue Aufmerksamkeit nennen, sind Akte des Verstandes, bei denen der Engel sich mit meiner Natur trifft. Meine Natur ist es, die denkt, nun denkt der Engel vor und mit. Die zweite Dimension des Verstandes, bei der der Engel behilflich ist, stellt eine Einzelforschung in einen Kontext, in dem sie auf der Gesamtebene des Wissens weiteren Forschern helfen kann. Ein *Paradigmenwechsel,* ein neues Konzept, eine neuen Anwendung sind auch (erkenntnistheroretisch streng sprechend) dem Schutzegel zu verdanken. Ohne Schutzengel kann man an einer Analyse arbeiten und doch keine neue Erkenntnis gewinnen; der Verstand verbleibt in seiner Potentialität.

Wir können das, was wir über den Verstand gesagt haben, auf die Analyse des Willens ohne weiteres übertragen. Nun ist die Frage des Willens und der Liebe komplexer. Niemand würde bestreiten, daß der Schutzengel mir zu denken helfen kann. Kann er auch meinem Willen beistehen, ohne ihn gewalttätig zu beeinflussen? So gestellt vermag die Frage nicht beantwortet zu werden. Fest steht, daß der Wille von allen Seiten beeinflußt ist: von den Dingen selbst, von den Umständen, von meiner inneren psychischen und körperlichen Verfassung, vom Rat anderer, vom Zustand meines Bankkontos, vom Wetter und von der Verkehrsprognose für die Strecken, die ich auf der Straße zurücklegen soll.

Wie wirkt nun der Engel auf meinen Willen ein? Thomas gibt eine wunderbare Antwort als ersten Ansatz. Aufgrund meines Willens besitzt der Wille die Fähigkeit, sich nach mehreren Gegenständen zu richten. Die Wahl des einen Gegenstandes erfolgt von innen her. Daher kann der Wille sich von sich aus nicht nur bei einem Gegenstand aufhalten.[25] Ich kann eine lieben und mich doch in eine andere verlieben, auch wenn ich die erste zutiefst liebe. Von der Verliebtheit zum Seitensprung sind – dem Schutzengel sei Dank – noch viele Zwischenstufen zu erklimmen, bis die Sünde *in der Tat* (zwar nicht die Sünde *im Herzen,* die da längst begangen und schon schlimm genug ist) geschehen ist. Damit der Wille bei einer Lebensentscheidung bleibt, ist der Schutzgengel innerhalb der Effizienzursächlichkeit Gottes am Wirken. Technisch gesprochen bürgt er für die Remanenz der Zielgerichtetheit der Entscheidungen, die *Beständigkeit* meiner Entscheidungen. Weiters kann und soll ihm die Einbettung einer Einzelentscheidung in das große Gefüge meines Lebenszieles zugeschrieben werden. Bei den guten Entscheidungen ist ihm die richtige Wahl zu verdanken, jene, die mir in Zukunft weiter Freude bereitet, weil sie meiner inneren Natur entspricht. In den schwierigen Entscheidungen, etwa Prüfungen, ist der Schutzengel dafür zuständig, daß mein Wille die *Hoffnung* nicht aufgibt.

Ein weiterer Aspekt der Tätigkeit des Schutzengels wird in weiteren Seminaren für Fortgeschrittene erteilt: die Fähigkeit, während Krisensituationen in Gott verankert zu sein.

Schutzengel als Sozialarbeiter

Der Schutzengel ist nicht nur als *Coach* tätig. Er ist auch ein hervorragender *Sozialarbeiter*. Auch da sollte das richtige Paradigma das Umgekehrte sein, wie wir sehen werden: der Sozialarbeiter ist nur dann gut, wenn er sich an die Art und Weise hält, wie der Engel es viel besser macht.

Wir möchten hier drei Funktionen des Schutzengels als Sozialarbeiter darlegen: der Fluchtpunkt, die Seelenfreundschaft und die Famulatur.

Schutzengel im Dienst der Familienbeziehungen

Technisch gesprochen ist der Wirkungsgrad des Engels über einen anderen Engel oder über den Menschen begrenzt: Er kann lediglich durch Überzeugung den Willen des anderen bewegen, indem er etwas Gutes als auf die Güte Gottes ausgerichtet aufzeigt.[26]

Bei der Zeugung entscheiden sich Eltern nie für *dieses* Kind, sondern für *ein* Kind. Welches letztlich kommt, steht ihnen nicht zu. Dies ist eine sehr seltsame Tastache: Das wichtigste Milieu für das Entstehen eines Menschen kann weder er noch seine Eltern bestimmen. Das Kind wird in einem neutralen Zustand gezeugt, weder *mit* noch *gegen* seine Einwilligung. Einfach *ohne* ihn ... Dennoch betrifft ihn die Entscheidung ganz und gar. Existentiell. Genauso ist es für das Kind: Es wählt seine Eltern nicht, sondern empfängt sie.

Die Zeit im Mutterschoß ist die erste Zeit dieser Anfreundung. Das Kind lernt nicht nur körperlich diejenige kennen, die ihm ihre Substanz gibt, seine Mutter; er lernt sie auch geistig kennen, hat Anteil an ihren Herzensregungen und ihren Freuden. Der körperliche Kontakt ist unmittelbar, der geistige auch. Die Sichtweise mancher Väter, in der Zeit der Schwangerschaft übernehme der Schutzengel der Mutter die Obhut für das Kind, findet hier eine Vertiefung. Daraus, daß der Schutzengel zugleich über Mutter und Kind wacht,[27] folgt, daß die geistliche Einheit zwischen Mutter und Kind in der Zeit der Schwangerschaft einzigartig ist. Wenn die Mutter ihrem Kind etwas vermitteln wird, tut sie es durch eine innere Zuwendung, und erst wenn das Kind spürbar geworden ist, durch Berührungen von außen. Eine geheimnisvolle geistige Berührung entsteht in dieser Zeit zwischen zwei geistigen Geschöpfen durch den einen Schutzengel, der beide behütet und zusammenführt.

Nach der Geburt bleibt auch dadurch eine einmalige Beziehung zwischen Mutter und Kind, daß das Kind einen besonderen Zugang zum Schutzengel der Mutter behält, der ihn einmal betreut hat. Dies mag die Tatsache erhellen, daß viele Mütter aus der Ferne spüren, daß ihrem Kind etwas passiert ist. Unsere starke Vermutung ist auch, daß der eine Schutzengel für die merkwürdige Verbundenheit zuständig ist, die manchen eineiigen Zwillingen in der Entfernung widerfährt: selbe Entscheidungen zur selben Zeit, ohne vom anderen zu wissen, dieselbe Krankheit ... Wenn man auch nicht alles durch das Paranormale erklären will, muß man doch nicht Gott umgekehrt und seine Dienern aus all diesen Geschehnissen herauslassen.

Die Familie besitzt wahrhaft eine rästelhafte Natur. Sie entsteht, um zu verschwinden. Wenn der Mensch zum Erwachsenen geworden ist, ist er imstande gesetzt worden, eine Lebensentscheidung zu treffen, die ihn aus dem Familiennest herausfliegen und seine eigene Familie gründen läßt. Dabei ist ein Abschied und zugleich eine bleibende Verbundenheit mit seiner ursprünglichen Familie zu schaffen. Bei diesem Abschied entdeckt der Mensch in sich eine Eigenschaft, die ihn in Flughöhe des Engels rücken läßt: *seinsmäßig* ist der Mensch, etwas plakativ formuliert, viel mehr zur Einsamkeit als zur Gemeinschaft berufen, wenn es doch auch stimmt, daß er *ethisch gespro-*

chen durch seine dialogische Natur[28] zur Gemeinschaft berufen ist. In der Familie bleibt der einzelne er selbst, und außerhalb der Familie genauso. *Single* ist jeder eine lange Zeit im Verlauf seines Lebens. Bis zum Erwachsenenalter einmal, dann bis zur Berufungsfindung und schließlich am Ende des Lebens, an dem nicht selten ein Ehepartner den Tod des anderen überlebt und sich in diesem letzten Lebensabschnitt nie zu Hause fühlt. Was tut da der Engel? Nicht viel anderes als seinem Schützling beizustehen, indem er ihm zeigt, daß er selber seit jeher so *(single)* lebt, auf Gott ausgerichtet. Das Mittelalter hatte es so formuliert, daß es zwar eine *societas angelicorum*[29] gibt, doch keine Zusammenarbeit zwischen den Engeln, wie wir sie kennen, keine Solidarität der Engel, keine Synode der Engel. Das, was sie verbindet, was sie den vereinsamten Menschen beibringen, die wir alle einmal waren und wieder sein werden, ist der Preis des Schweigens.

Zwischenmenschliche Beziehungen

Michel Serres sieht das Wesen der Engel in der Dialogfähigkeit dargestellt. Im Rahmen unserer Erörterungen soll die Fähigkeit, Beziehungen zu knüpfen in der umgekehrten Disposition zu Serres betrachet werden als jene Fähigkeit, die der Mensch in der Schule der Engel ausübt, dessen Muster die *Famulatur* ist, und nicht umgekehrt. Engel sind ja das Urbild des Geistes, nicht etwa die Menschen. Bezeichnend ist, daß in Deutschland die Famulatur gesetzlich nur für Ärzte und Apotheker gedacht ist, jene berufliche Ausbildungen, die eine Kunstfertigkeit in den Dienst des Leibes des Menschen (oder der Tiere für die Tierärzte) stellen. Da sind die Engel sehr wohl repräsentiert, die jene Menschen in die Schule nehmen, die die doppelte Aufgabe übernehmen werden, Kosmos und Mensch zum gemeinsamen Schwingen zu bringen.

Engel und Mensch stehen tatsächlich sehr nahe zueinander. Dadurch, daß sie doch auf verschiedener Daseinsebene leben, treffen sie sich nicht im Alltag, abgesehen von wenigen Berührungspunkten. Der Engel steht unverrückbar nach seiner

Entscheidung für oder gegen Gott unter dem Anspruch der göttlichen Gegenwart. Gott unterweist ihn durch direkte Vermittlung seiner Ideen. Dadurch, daß Gott unendlich und der Engel endlich ist, ist es seine Wonne, immer mehr von Gott zu hören und zu empfangen. Darin besteht auch die Freude seiner Seligkeit. Der Engel steht immer in der Schule Gottes; der böse Engel geht zu keiner Schule, da er getrennt von der göttlichen Ordnung lebt, der er sich dann ununterbrochen widersetzt. Der gute Engel vermittelt den Menschen das, was er lebt: die Abhängigkeit von Gott, die Freude, nichts Höheres tun zu dürfen als Gott zu loben und im Auftrag Gottes den Nächsten zu lieben. Diese Uneingeschränktheit der seelischen Verfügbarkeit möchte der Engel den Menschen beibringen. Sie gehört zu dem, was die Meister der Religionen die *Kontemplation* genannt haben: ganz ergriffen sein von dem, den man unbegrenzt kennt und liebt.

Die Liebe zur Kirche entzünden

Der Schutzengel verhält sich gewiß als christlicher Sozialarbeiter. Nicht um weltliche Ordnung zu schaffen und zu bewahren wird er gerufen, sondern um alles auf Gott zurückzuführen, *omnes instaurare in Christo.*[30]

Auf Gott hin

Die Gegenwart des Schutzengels zu seinem Schützling ist nicht nur eine „schützende“ passive, sondern eine aktive Gegenwart, *entlang der Natur.* Die Natur ist ein komplexes Konzept, das sich zwischen zwei Schienen bewegt: eine *ontologische* und eine *erkenntnistheoretische*. Bereits Aristoteles bemerkte die Komplexität der Natur, „Prinzip *(archè)* und Ursache *(aitía)* der Bewegung und des Restes dessen, dem sie unmittelbar und *per se* und nicht *per accidens* innewohnt.“[31] Das Wort *aitía* bezeichnet die *ontologische* Komponente, das

Ursache-Sein. Die Natur ist jene der *Dinge,* sie wohnt *wesenhaft* den Dingen inne. Dazu ist die Natur nicht nur wesenhaft in den Dingen, sie ist auch das, was den Dingen ihre Natur verleiht. Sie fungiert auch als formelle Komponente der Dinge und daher auch als Erklärungsprinzip *(archè).* Laut Aristoteles ist nämlich die Natur Gestalt *(morphè,* konkrete Ausformung der Dinge) und Erklärungsprinzip *(eídos)* der Bewegungen, die in der Natur festgestellt werden können.[32] Die Tatsache, daß das Holz sich leichter bearbeiten läßt als der Stein, hängt mit seiner weicheren Natur zusammen: Aus den unterschiedlichen Dichten der Struktur des Stoffes beim Holz und beim Stein ergeben sich Unterschiede der Widerstandes in ihrer Bearbeitung.

Daß Natur als „Sein im Verschwinden" bezeichnet werden kann,[33] zeigt auf, daß die Natur kein zuletzt sich selbst erklärendes Prinzip für die Dinge liefert, sondern daß sie über sich hinausweist: die natürliche Wirklichkeit ist aus einem für sie nicht erklärbaren Grund auf etwas hin ausgerichtet, das außerhalb der Natur besteht. Gott wollte nie eine Natur, die ohne ihn in sich stünde. Theologen sprechen dabei von einer *potentia oboedientialis* der Natur zur Gnade. Dies bedeutet, daß die Natur der Anziehungkraft Gottes fähig ist. Genauso wie der Verstand *capax Dei* – gottesfähig – ist, ist der Wille *oboediendum Dei* – fähig, Gott in übernatürlichen Dingen zu gehorchen.[34]

Glaubensleben

Bei der Taufe erhält der Schutzengel die Freiheit, seinen Schützling zu hüten und ihn auf die Wege des Heiles zu führen. Da dieser nun unter dem deutlichen Anspruch der Gnade steht, vermag der Engel ihn zu unterweisen und zur größeren Liebe Gottes anzuspornen. Eine gute Bekannte von mir, Maria Teresa, erzählte mir über ihre Enkelin:

„Ihre Mutter (die Tocher von Maria Teresa) staunte darüber, daß das kleine Mädchen allein vor sich hinredete, als ob sie eine

Rolle spiele. Die Mutter dachte bei sich: Sie spielt die Mama, die Verkäuferin, etwas von dieser Art. Als sie näher hinschaute, war sie doch erstaunt. Es war doch niemand zu sehen, kein sichtbarer Gesprächspartner. Einmal wurde sie von ihrem Spiel ganz benommen; da frage sie ihre Mutter: ‚Was spielst du, Schatzi? – Ich spiele nicht, Mami, ich spreche mit ihm.' Verblüfft sagte die Mutter: ‚Aber es ist niemand da bei dir, oder? – ‚Doch', sagte die Kleine, ‚du siehst ihn nicht. Es ist mein Freund, mein Schutzengel. Wenn es mir langweilig wird, wenn ich Angst bekomme oder wenn die anderen grantig zu mir sind, kommt er zu mir und tröstet mich.' (...)

Neugierig will die Mutter mehr wissen. ‚Und wie heißt er, dein Schutzegel?' Die Kleine sagte ihr einen Namen, den wir jetzt vergessen haben. Meine Tochter ist etwas beunruhigt; sie erzählt mir, was geschehen ist und fragt mich, was sie tun soll. Da ich das Leben einiger Heilige gelesen hatte, sagte ich ihr: ‚Frag nach dem Namen des Schutzengels ihres Papis, wir werden sehen, was sie dir sagt, und vielleicht verstehen wir etwas besser.' Meine Tochter fragt sie. Darauf sagt die Kleine: ‚Wenn ich ihn sehen werde, frage ich ihn.' Ich weiß nicht mehr, wie lange wir auf die Antwort warten. Was für eine Überraschung, als sie ihrer Mutter sagte: ‚Der Schutzengel vom Opa heißt Sa-u-l...' so auseinander buchstabiert. Die Kleine geht noch nicht in den Kindergarten, kann nicht lesen, und wir haben ihr noch nicht aus der Heilsgeschichte vorgelesen. Ihr Opa, mein Ehemann, heißt Paul. Wir denken sofort an die Analogie zwischen dem Namen des hl. Paulus vor und nach seiner Bekehrung. Wir sind mehr und mehr erstaunt.

Als meine Tochter mir das alles erzählt, sage ich ihr: ‚Frag sie nach dem Namen meines Schutzengels, und wir werden sehen.' Ein paar Tage später sagt sie zu ihrer Mutter: ‚Der Name des Schutzengels der Omi ist Marie-Ange (übersetzt heißt es ‚Maria-Engel'. Der Name ist ein französischer frommer Frauenname). Da hege ich keinen Zweifel mehr: Dieses kleine Mädchen spricht wirklich mit ihrem Schutzengel. Mein erster Vorname ist nämlich Maria. Ich verdanke es einer jungen Frau, die im Wallfahrtsort Lourdes eine wundersame Heilung erleben durfte. Sie hatte meine schwangere Mutter darum gebeten, mir den Namen Mariens zu geben. Ohne ihre Bitte hätte ich Annick geheißen ... Andererseits habe ich immer die Schutzgengel sehr verehrt. Dies habe ich meiner Großmutter zu verdanken, die uns immer wieder sagte, diese Freunde des Himmels stünden uns nahe und wären stets bereit, uns zu helfen. Der Name Marie-Ange schien mir für meinen Schutzengel sehr angemessen. Ich weiß bis heute nicht, wie meine Enkelin dies alles hätte erraten können."

Fragen an den Schutzengel

Selten aber doch wird der Schutzengel spielerisch und führt sich als Lausbub auf. Manche Heilige haben einen gerade so vertrauten Umgang mit ihrem Schuztzengel gehabt, daß sie mit ihm streiten konnten: Padre Pio trug es seinem Schutzengel einmal nach, bei einer schwierigen Prüfung nicht zu ihm gekommen zu sein.[35] Manche Heilige haben beim Sterben ihren Schutzengel jemandem anderen „anvertraut", wie Mutter Agnès de Jésus (Agnès de Langeac, 1602–1634), die ihn zum Monsieur Olier (Jean-Jacques Olier, 1608–1657) borgte, ihn ihm bei ihrem Tod zuletzt schenkte.[36] Dabei wankt die einseitige Theologie des Schutzengels und sinkt in die Knie. Gott läßt sich einen größeren Spielraum, als wir es vermuteten, um seine Kinder zur ewigen Vollendung zu führen.

Wird dem Nicht-Gläubigen der Beistand eines Schutzengels verwehrt?

Einmal begegnete ich im Zug nach Salzburg einen Nicht-Gläubigen, der eine sonderbare Eigenschaft aufwies: Er war, wie er mir mit demütigem Stolz unterbreiten mußte, zwar nicht gläubig, durchaus aber „praktizierend"... Der Mensch hielt sich gerne in Kirchen auf, in denen er noch dazu betete. Was er dort betete und zu wem, wagte ich nicht zu fragen, da er offensichtlich einem persönlichen Gott begegnet war, den er dazu als solchen in seinen Gebeten ansprach. Dieser Mann war die erste Erscheinung dieser Art in meinem naiven Weltbild. Bisher hatte ich hatte nämlich unreflektiert immer gedacht, diese Unterscheidung praktizierend/nicht-praktizierend gelte nur der Gattung der Christen; das Spezifische an ihnen sei dann das Praktizieren oder das Nicht-Praktizieren. Offensichlich stimmten meine logischen Kategorien angesichts der Wirklichkeit nicht.

Der Ungläubige erhält als Mensch Anteil an der *providentia Dei,* die ihn lediglich durch seine Natur zur ewigen Vollendung hinführt. Ab der Geburt nimmt der Schutzengel seine Tätigkeit bei jedem Menschen auf. Durch Eingebungen an seine Vernunft und durch die Bewegung seines Willens *via* Erregung oder Verstärkung der Emotionen, um die moralischen Güter auf die übernatürlichen hinzuordnen, vermag der Schutzengel den ungläubigen Menschen immer weniger „geheim" an sich zu ziehen und an Gott zu binden. Durch das sanfte Eindringen des Übernatürlichen in sein Leben wird der nicht-gläubige Mensch angespornt, sich einer geheimnisvollen und doch realen Wirklichkeit zu öffnen, die Gott heißt. Gott will, daß alle Menschen durch das sichtbare Gefüge der Kirche und der zwischenmenschlichen Beziehungen, die zwischen den Menchen herrschen, einen leichteren Zugang zu ihm haben. Der Schutzengel lehrt, die Kirche als das Sichtbarwerden des Handelns Gottes an der Welt zu betrachten.

Warum beschützt uns nicht immer der Schutzengel?

Ist er nicht mächtig genug, um ums ein Leben lang zu schützen, oder fordert ihn Gott manchmal auf, uns leiden zu lassen? Die Antwort kommt durch das Christusgeheimnis: einerseits steht Christus als Gott und Erlöser über den Engeln; andererseits ist er duch das Leiden des Kreuzes gegangen. Tatsächlich sind die Engel einer zweifachen Ordnung unterstellt: *der Natur des Menschen* bzw. sie dienen ihr, so daß die Naturgesetze sich mit Hilfe der Engel häufiger durchsetzen als das charismatische Eingreifen der Engel – und *den Gesetzen der Vorsehung* Gottes. Gott hat einen Plan der Liebe, der das Verständnis der Engel überschreitet, in dem die Engel selbst erschaffen wurden. Auch wenn sie tatsächlich Beschützer der Menschen sind – d.h. sie müssen etwas von dem wissen, was Gott im einzelnen mit ihrem Schützling vorhat –, stehen sie selbst innerhalb des Plans Gottes, den sie in ihrem besonderen Tätigkeitsbereich auszuführen haben. Der Schutzengel kann im Auftrag Gottes manche Prüfungen zulassen; dabei wird sein Schützling ihm dennoch nicht ganz entzogen, er bleibt ohnehin in der *providentia* und der besonderen *gubernatio Dei* gehalten.

Warum macht sich der Schutzengel so wenig bemerkbar?
Die Engel sind scheue Wesen. Davon ist der Schutzengel nicht ausgeschlossen. Es gibt äußere Gründe, warum der Schutzengel sich nicht manifestiert: *Wir brauchen ihn nicht.* Er kann sich uns nicht aufdrängen. *Wir sind stolz:* wir schreiben uns die guten Taten und Intuitionen zu, ohne zu merken, daß wenn sie im Bereich des Glaubens geschehen, wir nicht von uns aus imstande sind, diese guten Taten hervorzubringen. Wir leben ein oberflächliches Leben und merken nicht, wieviele göttliche Zusammenhänge im Hintergrund auf Hochtouren laufen, damit wir uns frei und unversehrt in dieser Welt bewegen können.

Tiefer betrachtet lassen sich auch innere Gründe zur *discretio sancta* der Schutzengel erkennen. Zahlreiche Gründe lassen sich ermitteln. *Der Engel wirkt entlang unserer Natur.* Unsere Natur ist uns so zu eigen, daß wir von ihr Gebrauch machen, ohne darüber nachzudenken, daß wir aus unserer Natur heraus handeln. Dies mag die Erklärung sein, warum fast alle Kulturen eine Engelvorstellung haben: die Vorstellung der Engel ist den Kulturen gegeben, sobald die Menschen sich Gedanken über die Weltordnung machen. *Die Engel gehören einfach zur Schöpfungs- und Naturordnung,* nicht zuerst als Kulturgut, sondern als Teil der makrokosmischen Natur und ganzheitlichen Identität des Menschen. *Der Versucher macht sich viel öfter bemerkbar als der Schutzengel.* Der Versucher, wenn es der Satan selber ist, ist viel mächtiger als unser Schutzengel, was die Manifestation anbelangt, da er der höchste Engel in der niederen Rangordnung der Engel ist. Was die Gnade anbelangt, wird der kleine Schutzengel von Gott beauftragt und dazu befähigt, uns gegen die Angriffe des Versuchers erfolgreich zu schützen.

SCHLUSSWORT

Nun möchte ich meinen Leser fragen, ob durch unseren Rundflug im Reich der Engel die Gegenwart Gottes in dieser Welt etwas spürbarer geworden ist. Handelt Gott auch an den einzelnen Menschen über die Vermittlung von mehreren Ursachen, zu denen die Engel, gut und böse, gerechnet werden dürfen? Die Kulturgeschichte zeigt auf, daß die Engel nicht wegzudenken sind. Die konkrete Gegenwart der Engel spiegelt sich einerseits in der beeindruckenden Ordnung des Universums, andererseits im personifizierten Übel und seinen Angriffen auf die Menschenseele wider. Die unerklärlichen Erfahrungen sowohl der Natur als auch der Gnade lassen keinen Zweifel daran, daß andere hinter dem Seiendem stehende Kräfte mitspielen. Der christliche Sinn der Geschichte entfaltet sich sowohl auf der persönlichen Ebene als geistiger Kampf als auch auf der *Makroebene* des Weltgeschehens. Gerade als ich die letzten Zeilen dieses Buches schrieb, wurden getrennt voneinander zwei junge Menschen an mich verwiesen, die beide von einem unheimlichen Wesen bedroht waren. Gespräche mit ihnen und viel Gebet konnten ihnen klarmachen, daß sie den Kampf der Kirche gegen die Mächte der Unterwelt kämpften, mit allen Gnaden und Bedrohungen verknüpft. Die Unterscheidung der Geister ließ den Versucher zwar nicht weichen, dennoch stellte sie ihn an seinen Platz, nicht zu hoch und nicht zu unbedeutend.

In unserer Untersuchung wurden die Engel als jene Wesen thematisiert, ohne welche manche Züge der Natur des Menschen und seiner Stellung in der Welt unerklärlich bleiben würden. Die vorzügliche Liebe des Schöpfergottes zu seinen Geschöpfen läßt sich durch nichts besser verstehen als durch die Beobachtung, daß der Gott, der niemandes bedarf, um seinen Willen an den Menschen durchzuführen, sich dennoch der Zweitursachen der Engel und der Menschen bedient, um ihnen einen wahrhaftigen Anteil an seiner Natur zu geben. Phänomene zwischen Himmel und Erde werden dann im Rahmen des Gesamtzusammenhanges des Universums gedeutet, sie stellen die ersten Bilder der Sprache der Liebe Gottes dar. Daß der böse Engel sich im eigenen Leben öfter als der gute zum Wort meldet, darf uns keineswegs beunruhigen. Jene Tatsache hängt mit der Demut der wahren Vernunft zusammen, die sich an der Güte der Dinge ohne Lärm orientiert; hingegen ist der Teufel immer laut.

Die Spuren der Engel im Alltag wahrzunehmen versuchen legt dem Menschenleben einen anspruchsvollen Maßstab der Innerlichkeit und des stetigen Verweises auf den Zusammenhang des Lebens mit Gott auf. *Imago Dei* zu sein und zu werden bleibt eine Lebensaufgabe, deren Bewältigung mit der Hilfe derer rechnet, die in der Ordnung der Schöpfung mehr *imago Dei* sind als wir. In der Ordnung der Erlösung hingegen schauen sie auf uns. Im göttlichen Spiel des Aufeinanderbezogenseins von Schöpfung und Erlösung trainieren zwar Engel und Menschen in unterschiedlichen Ligen, sie spielen doch immer wieder zusammen.

Im Licht der Engel zu leben ändert am täglichen Leben zugleich viel und wenig. *Wenig,* weil die Härte des Überlebens weiter zu spüren bleibt. *Viel,* weil die Erklärungsmuster aller geschaffenen Wirklichkeiten zu einem zuerst menschlichen Glaubensbekenntnis führen können, in dem ein Mensch als Engel seines Nächsten verstanden wird, münden doch zuletzt in einen übernatürlichen Glauben, in dem Gott als Wirkursache und Zielursache aller Dinge dient und durch den Geheimdienst der Engel den schwachen Menschen sanfter zu sich zieht. An die Engel zu glauben gibt auf diesem rasant unterwegs seienden Erdenball ein Gefühl der Geborgenheit: Ich bin von einem getragen, der mich festhält. Hiermit wird Glaube leichter zu einer *manuductio,* einer brüderlichen Führung bei der Hand. Hiermit können mir die bösen Kräfte, die um mich kreisen, nichts anhaben. Die Geborgenheit wird zum Vertrauen in sich und im Leben. Der Weg zur Wahrnehmung des Schutzengels ist kein anderer als der außergewöhnliche Weg des christlichen Gebetes, um den verborgenen Bruder um Hilfe zu bitten, um sich ihm anzuvertrauen, um meinen Kummer in seinen Schoß zu legen. Im Gebet kann ich schlicht und einfach durch den Kontakt zu meinem Schutzengel etwas von der Sprache der Engel erlernen.

Ich freue mich, daß Sie mit unserem Flugteam auf diese Entdeckungsreise zum Reich der Engel geflogen sind, und wünsche Ihnen eine gute weitere Lebensreise, von guten Mächten wunderbar geborgen.

ANMERKUNGEN

ZUM GELEIT

1 J. F. Lyotard, *Das Postmoderne Wissen. Ein Bericht,* Wien 2005, 33.

2 Mission interministérielle de vigilance et de lutte contre les dérives sectaires (MIVILUDES), *Le satanisme. Un risque de dérive sectaire,* La Documentation Francaise, Paris 2006, 5.

ENGELSSCHWERT UND BAROCKE PUTTEN

1 Ovid, *Ars amatoria,* II, 21–96; *Metamorphosen,* VIII, 183–235.

2 M. Heidegger, *Sein und Zeit,* Tübingen [17]1993, § 53, 260 ff.

3 Der Geist des verstorbenen Menschen, wie im *Ägyptischen Totenbuch* dargestellt, der sich mit seinem Leib wiedervereinigen möchte. Die geschilderte Abbildung enstammt: P. L. Wilson, *Engel,* Stuttgart/Berlin/Köln/Mainz 1981, 88. Das ganze Papyrus ist im Internet unter folgendem Link zu bewundern: http://www.egyptologica.be/papyrus_ani/pa_index.htm. (Seite auf französisch)

4 Die älteste Veda, die Rigveda (ca. 1200 v. Chr. entstanden) erwähnt eine Apsara als Gefährtin des Gottes Gandharva, der das Lichts der Sonne personifiziert.

5 Die persischen Engel, die dem höchsten Gott Mazda dienen, teilen sich bereits in zwei Gruppen, eine obere (Amesha spenta) und eine untere (Fravashi).

6 Ähnlich dem Zeichen des ersten Teiles des vollzogenen Bundes mit Abram, vgl. Gen 15,12–21. Zwei weiteren Schritte werden noch folgen: Die Beschneidung (Gen 17,23–27) und das Opfer Isaaks (Gen 22).

7 Num 22,22.32; 1 Sam 29,4; 1 Kön 5,18; 11,14.23.25; Ps 109,6.

8 Ps 38,21; 71,13; 109,4.20.29.

9 *Quaestiones in Heptateuchum Libri Septem,* PL 34, Proe. 3.

10 Obwohl in den Psalmen von unzähligen Engeln die Rede ist, geschehen Begegnungen mit Engeln (abgesehen von den Erscheinungen nach Jesu Auferstehung) vorwiegend als Einzelbegegnungen.

11 Ähnlich den Plagen vor der Befreiung aus Ägypten: Hagel, vom Himmel auf die Erde fallendes Feuer, Blut und Tod breiten sich aus, ein brennender Berg fällt ins Meer.

12 Im Buch Exodus wird als Grund die von Gott gewollte/zugelassene Verhärtung des Herzens Pharaos und seiner Hofbeamten angeführt (Ex 9,12; 14,8; 17,9)

13 So Johannes Paul II. in seinem Apostolischen Schreiben *Ecclesia in Europa;* oder Kardinal Joseph Ratzinger über das dritte Geheimnis von Fatima: „Gehen wir nun etwas näher auf die einzelnen Bilder ein. Der Engel mit dem Flammenschwert zur Linken der Muttergottes erinnert an ähnliche Bilder der Geheimen Offenbarung. Er stellt die Gerichtsdrohung dar, unter der die Welt steht. Daß sie in einem Flammenmeer verbrennen könnte, erscheint heute keineswegs mehr als bloße Fantasie: Der Mensch selbst hat das Flammenschwert mit seinen Erfindungen bereitgestellt. Die Vision zeigt dann die Gegenkraft zur Macht der Zerstörung – zum einen den Glanz der Muttergottes, zum anderen, gleichsam aus ihm hervorkommend, den Ruf zur Buße. Damit wird das Moment der Freiheit des Menschen ins Spiel gebracht: Die Zukunft ist keineswegs unabänderlich determiniert, und das Bild, das die Kinder sahen, ist kein im voraus aufgenommener Film des Künftigen, an dem nichts mehr geändert werden könnte“ in: Joseph Kard. Ratzinger, Präfekt der Kongregation für die Glaubenslehre: Kommentar zum Geheimnis von Fatima, 26. Juni 2000.

14 *Icônes,* Sélection du Reader's Digest, Paris 2001, 14–15.

15 Die Ikonen werden nämlich geschrieben und nicht gemalt. Der Ausdruck verweist auf die Schreibtätigkeit der inspirierten Autoren, die Gott verwendete, um die Bücher der Bibel zu offenbaren.

16 Das 2. Konzil von Nicäa 787 setzte der ersten Periode des Bilderstreites ein Ende, indem es schließlich die Verehrung der Ikonen erlaubte, nicht ihre Anbetung, die Gott allein gebührt. 813 leitete Kaiser Leo V. (813–820) eine zweite Periode des Ikonoklasmus ein, da er das 2. Konzil von Nizäa nicht anerkannte. Unter seinen ersten Nachfolgern Michael II. und dessen Sohn Theophilos wurde der Bilderstreit fortgesetzt. Nach Theophilos' Tod übernahm dessen Frau Theodora die Regierung für den unmündigen Erben Michael III. Sie ordnete 843 die Wiederherstellung der Ikonen an.

17 Abbildung in Weitzmann K., Chatzidaikis M., Radojcic S., *Le grand livre des Icônes,* Paris 1983, 21.

18 *Icônes,* Éditions de Sélection du Reader's Digest, Paris 2001, 98

19 Als *Mysteriorum Libri Quinque, or Five Books of Mystical Exercises of Dr. John Dee. An Angelic Revelation of Kabbalistic Magic and other Mysteries Occult and Divine revealed to Dr. John Dee and Edward Kelly A. D. 1581–1583.*

Da Henoch unmittelbar in den Himmel aufgenommen, d. h. entrückt wurde (Gen 18,24), gehen die drei apokryphen Henochbücher davon aus, daß er Himmel und Hölle gesehen hat, also auch die Engel kennt.

20 Ein Beispiel wird genügen: „Die Engel möchten daher, daß ich aus ihrem Mund verkünde, daß es im ganzen Himmel nicht einen einzigen Engel gibt, der von Anbeginn als solcher erschaffen, noch in der Hölle irgendeinen Teufel, der einst als Engel des Lichts erschaffen und hinabgestoßen worden wäre. Vielmehr seien im Himmel wie in der Hölle alle aus dem menschlichen Geschlecht hervorgegangen", *Himmel und Hölle,* Wiesbaden 2005, 311.

21 M. Introvigne, *Enquête sur le satanisme,* Paris 1997, 10.

22 Im 9. Jh. entstehen kirchenrechtliche Sammlungen, die einzelne Informationen über Exorzismenrituale liefern. Im 12. Jh. bilden sich monastiche und pfarrliche Rituale. In der Zeit der Inquisition umkreisen Bücher und Prozesse das Thema des Satanismus.

23 Aus mehreren Überarbeitungen des *Liber sacerdotalis* durch Kardinal Santori (1532–1602) entstanden. Vgl. R. Laurentin, *Der Teufel. Mythos oder Realität? Die Lehre und die Erfahrungen Christi und der Kirche,* Hauteville 1996, 192–194.

24 Die Festnahme und der Prozeß der Catherine Monvoisin, genannt La Voisin, ihres Priesterkomplizen Guibourg und von 317 anderen Personen zwischen 1673 und 1680 trugen dazu bei, die öffentliche Resonanz der ersten Exorzismen von Bessessenen (Elisabeth de Ranfaing, Loudon, Louviers, Auxonne) in Ordenshäuser auszuweiten.

25 Ein berühmter Fall des Satanismus bricht in der italienischen Stadt Reggio auf in der Person des P. Domenico Costantini, der zwischen 1771 und 1772 Beichtkinder zu unsittlichen und satanistischen rituelle Handlungen (Hostienprofanationen) antreibt.

26 England erfährt auch das Erwachen des organisierten Satanismus in der „Abtei" von Medmenham ab 1751 unter der Leitung von Francis Dashwood, der dort einen Libertinerclub gründet, der sich dann auch mit dämonischen Riten auseinandersetzen wird. Vgl. Introvigne, 19–55.

27 Siehe unten 4.4.

28 J. E. Hafner, „Warum im Himmel nicht nur Seelen sind. Die Funktion der Engel als Konkurrenzgruppe" in: *Evang. Theol.* 65 (2005), Heft 5, 350–365.

29 Wie etwa in Filme wie *Ein Engel über Belin* (1987) von Wim Wenders und dessen Remake *Stadt der Engel.*

30 Vgl. M. Fox, R. Sheldrake, *Engel. Die kosmische Intelligenz,* München 2005; R. Sheldrake, *Der siebte Sinn des Menschen,* Frankfurt am Main ^{2}2008.

31 Thomas von Aquin spricht von einer „mirabilis connexio" (vgl. *Summa Contra Gentiles,* II, Kap. 68). Jenem Gedanken folgend wurde im Jahre 1947 von Gustave Thibon eine Sammlung von Simone Weils (1909–1943) Notizen zwischen 1940 und 1942 als *Schwerkraft und Gnade (La pesanteur et la grâce)* veröffentlicht.

32 G. Angamben (*1942) ist derzeit Professor für Ästhetik an der IUAV Universität in Venedig und hat sich eingehend mit rechtsgeschichtlichen und politischen Themen beschäftigt. Sein hier erwähntes Buch trägt den vielversprechen Titel: *Die Beamten des Himmels. Über Engel,* Leipzig 2007.

DIE SCHÖPFUNGSORDNUNG

1 P. Jovanovic, *Enquête sur l'existence des anges gardiens,* le jardin des Livres, Paris 2008, 212.

2 C. d'Este, *Patton, A Genius for War,* New York 1984, 258–260.

3 Im Mittelalter war ihre unsichtbare Welt den Menschen nicht leichter zugänglich als sie uns heute ist: dubios, fragwürdig in ihrem Seinsgrund. Im Hinblick auf die Frage, ob Gott existiert (wohlgemerkt seinsmäßig und nicht nur im Denken), faßte Thomas von Aquin den Theodizeekomplex zuerst in zwei *(Summa Contra Gentiles,* I, C. XIII), dann in fünf große Argumente zusammen *(Summa theologiae,* Ia q.2. a.3), die ihm dazu dienten, die Existenz Gottes auf rationalem Weg zu untermauern. Nach der Kritik von I. Kants *Kritik der reinen Vernunft* an den klassischen (thomistischen) Beweisen der Existenz Gottes halten kaum mehr rationale Versuche, intellektuell an die Frage Gottes heranzukommen. Zeitgenössische Philosophen (M.-D. Philippe op, *De l'être à Dieu, Téqui; Retracing Reality,* T&T Clark; R. Spaemann, *Der letzte Gottesbeweis),* dem Thomismus nahe stehend, greifen immer wieder (eher als Philosophen) das Thema auf und liefern weitere Beweise.

4 31 (in Form von Briefen) sind es für C.S. Lewis in *Dienstanweisungen für einen Unterteufel,* Brendow, Moers [2]1999; 36 für A. Frossard: *Les 36 preuves de l'existence du diable,* Paris 1978.

5 R. Descartes, *Entretien avec Burman* in: *Œuvres et Lettres,* Bibliothèque de la Pléiade, Paris 1953 1370.

6 „Der Saum seines Gewandes füllte den Tempel aus. Serafim standen über ihm. Jeder hatte sechs Flügel: Mit zwei Flügeln bedeckten sie ihr Gesicht, mit zwei bedeckten sie ihre Füße, und mit zwei flogen sie" (Jes 6,2).

7 Clemens von Rom (1. Jh.) unterscheidet in seinen *Apostolischen Konstitutionen* (VII, 2,35) elf Hierarchien von Engeln. Ambrosius von Mailand (4. Jh.) in seiner *Apologia Prophetae David* (V, 20) beschaut eine neunfache

Ordnung der Engel, Cyrill von Jerusalem ebenfalls *(Mystagogicae catecheses,* XVI, 23; XXIII, 6). Eusebius kommt mit anderen Namen zum selben Ergebnis *(Praep. evang.,* VII, 15, PG 21, 557). Aufgrund ihrer dreifach dreifachen Struktur, die Raum für die biblisch erwähnten Namen zuläßt, wird sich diese Zahl durchsetzen. Hieronymus gibt eine siebengliedrige Einteilung an, Augustinus eine achtgliedrige *(Coll. Cum Max.,* 9, PL 42, 727), Gregor von Nazianz elf *(Orat.,* XXVIII, PG 36, 72).

8 Seine Ausführungen wurden nicht zuletzt deswegen von der späteren Theologie so tief rezipiert, da bis zum 19. Jh. die Meinung herrschte, Dionysios war der Jünger, von dem es in der Apostelgeschichte (Apg 17,34) die Rede ist.

9 *Himmlische Hierarchie,* VII–IX. In V,I merkt Dionysios an, daß der Name Engel als Sammelbegriff dient.

10 *Himmlische Hierarchie,* IX,3 in: E. Stein, *Wege der Gotteserkenntnis. Studie zu Dionysius Areopagita und Übersetzung seiner Werke,* ESGA 17, Freiburg/Basel/Wien 2003, 159–191, hier 175–176.

11 *Himmlische Hierarchie* I, 2.

12 *Ibid.,* II, I & II.

13 J.-M. Garrigue, *Le monde invisible des anges et leur mission dans le plan de Dieu,* Paris 2004, 16.

14 J. Ratzinger, *Der Geist der Liturgie. Eine Einführung,* Freiburg 2000, 2. Kap., 20–29.

15 Der Ausdruck wird von der Orthodoxie als Fortsetzung der göttlichen Liturgie im Alltag durch tätige Nächstenliebe.

16 *Summa theologiae,* Ia q. 104.

17 E. Peterson, *Das Buch von den Engeln,* zitiert nach B. Nichtweiss, *Erik Peterson. Neue Sicht auf Leben und Werk,* Freiburg ²1994, 405.

18 J.A. Fortea, *Interview with An Exorcist,* West Chester 2006, 43–44.

19 Aus: http://www.vatican.va/roman_curia/congregations/cfaith/documents/rc_con_cfaith_doc_20000626_message-fatima_ge.html

20 H. Jonas, *Der Gottesbegriff nach Auschwitz. Eine jüdische Stimme,* Frankfurt am Main 1987.

21 „Er entkleidete sich seiner Gottheit, um sie zurückzuempfangen von der Odyssee der Zeit, beladen mit der Zufallsernte unvorhersehbarer zeitlicher Erfahrung, verklärt oder vielleicht auch entstellt durch sie", *op. cit.,* 17.

22 *Op. cit.,* 27.

23 *Op. cit.,* 25.

24 Vgl. *Kompendium der Sozialehre der Kirche* §§19, 442, 494. Siehe auch *Paths to Peace. A Contribution. Documents of the Holy See to the International Community,* The Permanent Observer Mission of the Holy See to the United Nations, New York 1987, §§88, 724, 747, 754, 3329.

25 „Über den Begriff der Geschichte", These IX, in: *Gesammelte Schriften,* Band I/2, Frankfurt am Main 1991, 679 ff.

26 Dionysius Areopagita, *Von den göttlichen Namen* in: Edith Stein, *Wege der Gotteserkenntnis. Studie zu Dionysius Areopagita und Übersetzung seiner Werke,* ESGA 17, Freiburg/Basel/Wien 2003, 85–157, hier 87.

27 Die Kabbala erklärt die Erschaffung der Welt – prominent formuliert von Isaak Luria (1534–1572) – als das Zusammenschrumpfen Gottes in sich (Zimzum), damit die Schöpfung in ihm Platz finde.

28 *Bekenntnisse,* X, 38: „Spät habe ich dich geliebt, o Schönheit, so alt und doch so neu, spät habe ich dich geliebt. Und siehe, du warst drinnen und ich war draußen, und dort suchte ich dich, und auf das Schöngestaltete, das du geschaffen, warf ich mich selber mißgestaltend. Du warst mit mir und ich war nicht bei dir. Und weit hielt mich von dir, was gar kein Dasein hätte, wäre es nicht in dir. Du hast gerufen, ja geschrieen und meine Taubheit zerrissen; du hast geblitzt und gestrahlt und meine Blindheit verscheucht; du hast geduftet, und ich habe den Hauch eingeatmet und lechze nun nach dir; ich habe gekostet, nun hungere ich und dürste; du hast mich angerührt, und da bin ich entbrannt nach deinem Frieden."

29 *Katechismus der Katholischen Kirche,* §§310–311.

SCHATTENWESEN

1 M. Buber unterscheidet deutlich die Eschatologie von der Apokalyptik: Wo das prophetische Prinzip die Möglichkeit der Umkehr offen hält, kennt eine reife Apokalyptik keine Zukunft mehr, die vom Menschen ausgehen könnte. Vgl. M. Buber, *Werke. Zweiter Band. Schriften zur Bibel,* München/Heidelberg 1964, 925–942, hier 937 ff.

2 M. Martin, „Uncle Ponto and the Mushroom-Souper" in: *Hostage to the Devil,* San Francisco 1992, 249–320.

3 *Hostage to the Devil,* 273.

4 *Hostage to the Devil,* 276.

5 In jeder anderen Form des menschlichen Handeln erschöpft der Gegenstand nie die ihm zugemessenen Fähigkeit: nach einer wissenschaftlichen Untersuchung kann die menschliche Vernunft eine weitere anstellen; nach einer Freundschaft, die geknüpft wurde, kann diese immer noch vertieft werden bzw. der Liebende einen anderen Freund lieben lernen. In allen menschlichen Handlungen richtet sich der Verstand auf seinen eigenen Ge-

genstand – das Sein bzw. das verum (Wahre) – und der Wille auf das Gute. Daß der Mensch eine berufliche Kompetenz mit seinem besten Freund nicht teilen kann, nimmt nichts von der Freundschaft weg, die sich auf einer anderen Ebene abspielt. In der Kontemplation allein richten sich der Verstand und die Liebe auf Gott als das höchste Wahre und das höchste Gute.

6 *Summa theologiae,* Ia q. 63 a.1 ad 1.

7 *KKK* 392 (Unsere Hervorhebung).

8 *Summa theologiae,* Ia q. 106 (Erleuchtung eines Engels durch einen anderen); Ia q. 111 mit der Parallele von *De Veritate* XI, a. 3 (Erleuchtung des Menschen durch einen Engel).

9 G. Amorth, *Ein Exorzist erzählt,* Stein am Rhein [4]2001, 27–29, von uns umgeändert und leicht ergänzt.

10 *Ein Exorzist erzählt,* 48–52; *Neue Berichte eines Exorzisten,* Stein am Rhein, 1998, 69–74.

11 Die Vulgata schreibt: „delibera nos a Malo".

12 Vgl. RR 1614 Nr. 3.

13 Nr. 16, Großer Exorzismus des *Rituale Romanum* von 1999.

14 G. Amorth, *Ein Exorzist erzählt,* 46–55; *Neue Berichte eines Exorzisten,* 93 ff.

15 *Backmasking* bezeichnet die bewußt verschleierte Aufnahme von Botschaften auf einen Tonträger. Eine in Worte verfaßte Botschaft wird aufgenommen und dann auf den Tonträger verkehrt (von hinten nach vorne) gespeichert, so daß sie beim normalen Abspielen nicht erkennbar ist. Heftige ideologischen und wissenschaftliche Debatten laufen über die Zielsetzung und Wirksamkeit solcher Botschaften. Tatsache ist, daß sie fast vom Wortlaut her ausschließlich dämonischen Charakters sind.

16 Dazu siehe B. Domergue, *La musique extrême : un écho surgi des abîmes : Culture barock et gothic flamboyant,* Paris [2]2004.

17 *Ein Exorzist erzählt,* 16.

18 *Ein Exorzist erzählt,* 143.

19 *Ein Exorzist erzählt,* 173.

WUNDER IM RAHMEN DER NATUR

1 *Dieu et Satan. Le combat continue,* Paris 2004, 20.

2 Prof. Hans Bender (1907–1991) war seit 1967 Ordinarius für Psychologie und Grenzgebiete der Psychologie an der Universität Freiburg im Breisgau.

3 Einige davon in L. Fernandez Bueno, *Las Caras de Bélmez. Historia de una conjura,* Madrid 1999.

4 *Doctrina Addai. De imagine Edessena,* Fontes Christiani 45, Turnhout 2007.

5 K. Dietz, „Von Konstantinopel nach Golgotha“ in: *Das Turiner Grabtuch. Kongreß am 28. und 29. Mai 2003. Studientag am 12. Februar 2003,* Wien 2005, 115–124, hier 118–120.

6 Aus dem Kreis der 70 Jünger, nicht der Zwölf Apostel.

7 Die Erzählung basiert auf Eusebius, *Historia ecclesiasticae,* I, 13,5;22.

8 Epistula 38 *(Über die Unterscheidung von ousia und hypostasis)* in: *Basile de Césarée, Saint Basile, Lettres,* éd. Yves Courtonne, Bd. 1, Paris 1957, 8, 19–30. Analyse bei Chr. Schönborn, *Die Christus-Ikone,* Schaffhausen 1984, 30–44.

9 *Die Augen meiner Ziege. Auf den Spuren afrikanischer Hexer und Heiler,* Wuppertal 1999, 332.

10 *Ibid.,* 335.

11 *Ibid.,* 348.

12 *Ibid.,* 342.

13 J. Pliya, *Von der Finsternis zum Licht. Handbuch für den Befreiungsdienst in der Katholischen Kirche,* Fremdingen 2002, 189.

14 J. Ratzinger, *Dogma und Verkündigung,* Donauwörth [4]2005, 221–230, hier 229.

15 E. Swedenborg (Die Engel haben einen Körper, *De Coelo Et Eius Mirabilibus, Et de Inferno, Ex Auditis et Visis,* §§74–75; Die Kirche hat ein zeitliches Ende, *ibid.,* §311; Engel stammen von den Menschen, und nicht von Gott, *ibid.,* die Ewigkeit ist die Fortsetzung der leibgebundenen Umständen, ibid., § 313 ...), J. Greber im *Der Verkehr mit der Geisterwelt. Spirituelle Christen,* Göppingen 2003 (Verfälschung der Originalbotschaft des Evangeliums, *op. cit.,* 19, Ersetzung des „Heiligen Geistes“ durch die „Geisterwelt“ im Zitieren von Joel 3,1–2, *op. cit.,* 171), F. Brune (Deutung der Tradition der Kirche anhand der modernen Wissenschaften, *Les morts nous parlent,* 16; Es gibt im Universum andere Wesen als nur Engel und Menschen, *ibid.,* 277; die Erbsündenlehre wird ausgeschaltet, *ibid.,* 169),

16 J.-M. Verlinde, *Die verbotene Erfahrung,* Fremdingen 2002.

17 KKK 1889: nicht etwa ein Geist macht sich im Handeln des Priesters gegenwärtig, sondern Christus selber.

18 Sogar Esoteriker belegen diese Tatsache: J. Greber im *Der Verkehr mit der Geisterwelt. Spirituelle Christen,* Göppingen 2003, 107 vergleicht die Anwen-

dung der Lostasche des Hohenpriesters im Alten Testament (Ex 39,8–26) mit einer Art „Planchette-Medium".

19 1 Sam 28,3–19. Allerdings hatte dabei Saul eine schwere Sünde gegen Gott begangen: er befragte Gott durch das Ephod (1 Sam 28,6). Weil Gott ihm keine Antwort gab, ging er zur Totenbeschwörerin, rief den Geist von Samuel auf, der ihn seine und Israels Niederlage im Kampf gegen die Philister ankündigte. Tatsächlich starb Saul bei der Schlacht (1 Sam 31,4).

20 Dtn 18,10–12; Lev 19,26.31; 20,27; Ex 22,17; 1 Sam 28; Apg 8,9–24; 13,6–8.

21 H. Basedow, *The Australian Aboriginal,* Adelaide 1925, 178–179, zitiert in W. Cannon, „Voodoo Death" in: *American Anthropologist* 44 (1942) 169–181, reprint in: *Psychosomatic Medicine* 19 (1953) 182–190, hier 184.

22 G. Amorth, *Ein Exorzist erzählt,* 116.

23 G. Amorth, *Okkultismus, Magie, Spiritismus. Die wahre Religion Satans,* Reihe Seelsorge, Heft 3, Fremdingen 2003, 12.

24 Fortea, *Interview with an Exorcist,* 115–116.

25 *Ein Exorzist erzählt,* 116–123; 130–139.

26 F. Brune, *Les morts nous parlent,* Paris ^{2}2008, 11, listet sie auf: Nahtoderfahrungen (NTE, englisch NDE, Near Death Experiences), Außerkörperliche Erfahrung (AKE, englisch OBE bzw. OOBE, Out-of-Body-Experience), Kommunikation mit Toten oder mit anderen Dimensionen – durch Medium, Brett, automatisches Schreiben, Aufnahmegerät, Radio, Fernsehen, Computer, durch Erfahrungen der Besessenheit, mystische Erfahrungen und religiöse Traditionen aus dem Morgen- und Abendland.

27 J. Bouflet, *Encyclopédie des phénomènes extraordinaires dans la vie mystique,* 3 Bände, Paris 2001, 2002, 2003.

28 J. Prieur, *L'aura et le corps immortel,* Paris 1983, 166.

29 P. Agostino Gemelli OFM (1878–1959) war ein italienischer Arzt, Franziskaner, Physiker, Psychologe. Er wurde auch der Gründer und erste Kanzler der Università Cattolica del Sacro Cuore in Mailand, 1921.

30 P. Pellegrino Ernetti OSB (1925–1994) war Musikwissenschaftler, Physiker und Exorzist. Umstritten ist, daß er ein Gerät erfunden haben soll, um die Spuren vergangener Ereignisse aufzunehmen. Er publizierte nie einen wissenschaftlichen Aufsatz über seine angeblichen Entdeckungen.

31 Berichtet in der italienischen Zeitschrift *Astra,* Juni 1990, 90–91, zitiert in: *Les morts nous parlent,* 25–26.

32 *Les morts nous parlent,* 49.

33 Das Gedächtnis der Toten gehört der ältesten christlichen Tradition an. In der Zeit der Verfolgungen trafen sich die ersten Christen in den Katakomben und verrichteten Gebete bei den Gräbern der Verstorbenen. Dort wurden Messen gelesen. Die ältesten Gebete für die Verstorbenen stammen aus dem 2. Jh. Der Allerseelentag (2. November) wurde im Mittelalter dem Fest Allerheiligen hinzugefügt.

34 Vgl. den „tiefen, unüberwindlichen Abgrund" von Lk 16,19–31.

35 *Thirty Years among the Dead,* Los Angeles 1924.

36 Bericht in: Flora Rheta Schreiber, *Sybil. Persönlichkeitsspaltung einer Frau,* München [2]1981.

37 *L'Écorce et le Noyau,* Paris 1978.

38 *The Unquiet Dead. A Psychologist Treats Spirit Possession,* New York 1995.

39 *The Presence of Other Worlds: The Psychological/Spiritual Findings of Emanuel Swedenborg,* Swedenborg Foundation, West Chester [2]2004, 135–156.

40 Aus http://www.psyemergence.com/articles_lesfantomes.htm, Abruf 8/2009.

41 *Healing the Family Tree,* London 21984.

42 Dt.: *Besessenheit und Heilung,* Güllesheim 1987.

GLAUBENSPHÄNOMENE IN MENSCHLICHER GESTALT

1 C. S. Lewis, *Miracles,* Glasgow 1947, 9.

2 D. Hume, *Untersuchung in Betreff des menschlichen Verstandes,* §X. Über die Wunder.

3 Eine Heilung, die als Wunder anerkannt ist, wird für jede Selig- und Heiligsprechung benötigt: vgl. *Regolamento della Sacra Congregazione per le Cause de Santi,* Roma 1983, Art. 10 §2: „Bei der Kongregation „für die Selig- und Heiligsprechungen" besteht ein Kollegium von medizinischen Sachverständigen zum Zweck der Prüfung von als Wunder vorgebrachten Heilungen." Vgl. Art. 26 §1. Unter dem Pontifikat von Johannes Paul II. sind 1341 Menschen selig- und 482 heiliggesprochen worden. Das sind allesamt 1823 Wunder für die von Johannes Paul II. zur Würde der Altäre Erhobenen zur Zeit seines 25jährigen Pontifikats.

4 Aus www. http://www.vicariatusurbis.org/Beatificazione/Francais/Les-Temoignages/Temoignages2006.asp?ID=214 (unsere Übersetzung), Abfrage vom 9.8.2009.

5 C.S. Lewis, *Miracles,* Kap. II: The Naturalist and the Supernaturalist, 9–15.

6 Vgl. R. Bultmann, „Ist voraussetzungslose Exegese möglich?", in: *Theologische Zeitschrift* 13 (1957) 409–417.

7 Aus: https://www.advences.com/mirror/default2004/page/us/Formule_2_en_1_GB.pdf?CFID=10027971&CFTOKEN=78080526, Abfrage vom 9.8.2009.

8 Gemma di Giorgi (1939) wurde blind, ohne Pupillen geboren. Am 18. Juni 1947 wurde sie durch die Fürbitte von Padre Pio von ihrer unheilbaren Blindheit geheilt. Ihre Eltern hatten sich mit ihrer Behinderung abgefunden, ihre Großmutter nicht. In ihrer Verzweiflung war die Großmutter mit dem Kind zu Pater Pio gegangen, der ihr versprach: „Ich sage dir, deine Enkelin wird wieder sehen!" Heute ist Gemma di Giorgi 65 Jahre alt und vom Staat als Blinde registriert. Ohne Pupillen kann und darf sie amtlich nicht sehen.

9 Eines der hebräischen Worte, um Barmherzigkeit zu bezeichnen ist das Wort rahamim, das Eingeweide und Mutterschoß bedeutet.

10 Damit bestätigt Gott, daß er von seiner Selbsttreue (hebr. hesed) nicht abgehen kann. Diese Seite stellt die väterliche Seite seiner Barmherzigkeit dar; er hat mit den Vätern einen ewigen Bund geschlossen, den er nicht verleugnen kann.

11 Unter vielen Biographien: W. J. Bekh, *Therese Neumann von Konnersreuth oder die Herausforderung von Satan,* München 1998; J. Klosa, *Das Wunder von Konnersreuth in naturwissenschaftlicher Sicht,* Augsburg 1994.

12 *Histoire de Sainte Thérèse d'après les Bollandistes, ses divers historiens et ses oeuvres complètes,* Bd. 2, Paris 1886, 362. Dieses von Teresa nicht überliefertes Wort wird durch zahlreiche ernstere Zitate ausgewogen, die die Gnade der Bevorzugung aufzeigen, eine von Gott geschenkte Prüfung tragen zu dürfen: Gott prüft sie Seele, um zu sehen, ob sie bereit ist, mit ihm das Kreuz zu tragen und seinen Kelch zu trinken (Vida, 11,11). Manchmal gibt Gott der Seele den Anschein, er verlasse sie ganz (Vida, 15,12). Die Seele stimmt ein Dankgebet für das Leiden ein, das den Exzeß der Liebe Gottes aufzeigt (Vida, 25,17).

13 Thérèse vom Kinde Jesu, Brief 244 an Abbé Bellière vom 9. Juni 1897 in: *Briefe der Heiligen Therese von Lisieux,* Leutesdorf [3]1983, 360–361: „Mein Bruder, bald bringe ich allen Ihren Freunden im Himmel Ihre Liebe dar und bitte sie, Sie zu beschützen – mein lieber Bruder, ich möchte Ihnen tausend Dinge sagen, die ich verstehe, weil ich am Tor zur Ewigkeit stehe, doch ich sterbe nicht, ich gehe ins Leben ein, aund alles, was ich Ihnen hier nicht dagen kann, mache ich Ihnen vom Himmel her verständlich."

14 „Weihetext" (26.3.1939), in: *Aus dem Leben einer jüdischen Familie und weitere autobiographische Beiträge,* ESGA 1, Freiburg 2002, 373.

15 „Testament" (9.6.1939), in: *Aus dem Leben einer jüdischen Familie und weitere autobiographische Beiträge,* ESGA 1, Freiburg 2002, 374–375, hier 375.

16 Zahreriche historisch belegte Fälle bei J. Bouflet, *Encyclopédie des phénomènes mystiques,* Bd 1, Paris 2002, 99–112.

17 Joh 14,17; 15,26; 16,13; 17,17; 18,37.

18 „Das Christentum ist in die Geschichte eingebrochene Religion!", *Novo Millenio Ineunte,* 5.

19 Zweites Vatikanische Konzil, Dogmatische Konstitution *Dei Verbum* (18.11.1965), Art. 2.

20 Freiburg [5]1970, 131.

21 *Op. cit.,* 136–138.

22 *Op. cit.,* 140–141.

23 Ein Beispiel wird genügen. J.-P. Sartre (1905–1980) erzählt, wie er sich von Gott als Jugendlicher verabschiedet hatte: er hatte den inneren Blick Gottes über sich beim Verbrennen eines Teppiches willentlich gewehrt: „Die Entrüstung rettete mich. Ich bekam einen Wutanfall wegen einer so groben Indiskretion. Ich fing an, Gott zu lästern; wie mein Großvater es tat, flüsterte ich: „Verflixt und verdammt." Er schaute mich nie wieder an", in: *Les Mots* (1964), Paris 1972, 78.

24 Pensée 233: „‚Gott ist, oder er ist nicht.' Welcher Seite werden wir zuneigen? Die Vernunft kann hier nichts entscheiden. ‚Ein unendlicher Abgrund trennt uns' (Lk 16,26). Am äußersten Ende dieses unendlichen Abstandes wird ein Spiel gespielt, bei dem (beim Werfen der Münze) Kreuz oder Zahl ober aufliegen wird. Was wollen Sie wetten? Kraft der Vernunft können sie weder das eine noch das andere tun; kraft der Vernunft können Sie weder dies noch jenes vertreten. (...) Wetten ist unumgänglich. Es liegt nicht in unserem Belieben; Sie sitzen schon im Boot. Wofür werden sie sich entscheiden? Sehen wir zu: Da man wählen muß, lassen Sie uns überlegen, wo Ihr geringstes Interesse liegt. Sie haben zweierlei zu verlieren: das Wahre und das Gute; und zweierlei einzusetzen: Ihre Vernunft und ihren Willen, Ihre Erkenntnis und Ihre Seligkeit. Ihre Natur aber hat zweierlei zu fliehen: den Irrtum und das Elend. Ihre Vernunft kommt nicht zum größeren Schaden, wenn sie das eine anstelle des anderen wählt, denn gewählt muß werden. Damit wäre ein Punkt erledigt. Aber Ihre Seligkeit? Wägen wir Gewinn und Verlust ab, indem wir ‚Kreuz' für die Existenz Gottes setzen. Ermessen wir die beiden Möglichkeiten: falls Sie gewinnen, gewinnen Sie alles; falls Sie verlieren, verlieren Sie nichts. Wetten Sie also ohne Zaudern, daß er ist", *Schriften zur Religion,* Einsiedeln 1982, 225.

SCHUTZENGEL ALS DIENER EINER DYNAMISCHEN GEISTIGEN ORDNUNG

1 G. Conde, *Audrey. Elle courut plus vite que nous,* Nouan-le-Fuzelier 2006, 26.

2 *Tödliche Schatten – Tröstendes Licht. Erinerungen von P. Gereon Goldmann,* St. Ottilien [13]2008, 121–124.

3 „Über alle Gerechten und Heiligen wird er heilige Engel zu Wächtern einsetzen, daß sie sie wie einen Augapfel bewachen, bis er aller Schlechtigkeit und aller Sünde ein Ende gemacht hat. Wenn auch die Gerechten einen langen Schlaf schlafen, haben Sie nichts zu fürchten."Deutsche Übersetzung: Uhlig S., „Das äthiopische Henochbuch", in: *JSHRZ* 5 (1984), 461–780.

4 *Eth. Hen.,* 89,59.

5 *Adv. Eun.,* 3, 1, PG 29, 656A–657A.

6 *Comm. in Matth.,* XIII, 5.

7 *Comm in. Is.,* VIII,PG 30, 476C, 207

8 *Pseudo-Barnabas* (XVIII,1), *Hirt des Hermas* V, 1–4, Clemens von Alexandrien (*Eclog.* 41;48), der auf die *Apokalypse des Petrus* verweist, Origenes (*De Princ.,* II,10,7).

9 J. Daniélou, *Les anges et leur mission d'après les Pères de l'Église,* 95, Éditions de Chevetogne, Chevetogne 1953.

10 *Dem. Ev.,* PG 22,268 A, IV, 6.

11 *Ep.,* PG 32, 273 B, 1,11.

12 *Vita Anton.,* XXXV.

13 *Comm. in Jo.,* t. XIII, 49.

14 *In Matt.,* t. XIII, 26.

15 Q. 113 a. 6 resp.

16 *Quaestiones disputatae De veritate,* XI, Hamburg, 1988.

17 *Op. cit.,* art. 3 resp.

18 Johannes Chrysostomus, *Serm. Asc.,* PG 50, 444A.

19 *Hirt des Hermas,* Mand. XII, 4,7. Vgl auch Clemens von Alexandrien, *Quis dives salv.,* XLII, 18.

20 Tertullian, *De Or.,* 16.

21 Die Schutzengel wachen über uns Menschen in zwölffacher Weise: Sie rügen uns wegen unserer Vergehen, helfen uns zur Sündenvergebung, beschützen uns, vertreiben Dämonen, belehren, offenbaren die Geheimnisse Gottes, trösten, sind Weggefährten, unterwerfen unsere Feinde, mäßigen die Versuchungen, beten und tragen unsere Gebete vor Gott.

22 F. Suarez, *Tractatus de Angelis,* l. VI, C. 19, Paris, 1856, 760–763.

23 *Hirt des Hermas,* Mand. VI, 2, 3–5 in: *Papiasfragmente. Hirt des Hermas,* Darmstadt 1998, 211.

24 In der *Nikomakischen Ethik* VI, 6 bezeichnet der nous „die fünfte intellektuelle Tugend des Verstandes neben der Kunstfertigkeit (technè), der Klugheit (phronèsis), der Wissenschaft (epistèmè) und der Weisheit (sophia).

25 Summa contra Gentiles, III, C. 91; *Summa theologiae* Ia q. 113 a.1 resp.

26 *Summa theologiae,* Ia q. 106 a.2 resp.

27 *Summa theologiae,* Ia q. 113 a.5 ad3.

28 M. Buber, *Ich und Du,* Leipzig 1923; F. Ebner, *Das Wort und die geistigen Realitäten – Pneumatologische Fragmente,* Innsbruck 1921.

29 *II Sent.,* d. 11, q. 2. a.4 ad 1: „(ecclesia) potest intelligi de ecclesia angelorum, ubi prima fuit ecclesia, et ubi ultimo nostra ecclesia congreganda est." Die ecclesia angelorum besitzt die Merkmale der irdischen societas: selbe Gattung der Mitglieder, selbe Zielsetzung, selbe Leitung. Vgl. F. Daguet, *Théologie du dessein divin chez Thomas d'Aquin. Finis omnium Ecclesia,* Paris 2003, 46–47.

30 Wahlspruch des Papstes Pius X. aus Eph 1,10.

31 *Physik,* II, 1, 192 b21–23.

32 *Physik,* II, 1, 193 a30–31.

33 T. S. Hoffmann, *Philosophische Physiologie,* Quaestiones 14, Stuttgart 2003, 11.

34 *Summa theologiae,* Ia q. 115 a.2 ad4; IIIa q. 1 a.3, ad3; q. 11a.1 resp.

35 J. Bouflet, *Encyclopédie des phénomènes extraordinaires 3. Band: Les anges et leur saint,* Paris, 2003 232.

36 J. Duhr, Artikel „Les anges gardiens" in: *Dictionnaire de Spiritualité ascétique et mystique. Doctrine et histoire,* fondé par M. Viller, F. Cavallera, J. de Guibert, continué par A. Rayez, A. Derville et A. Solignac, Paris, Beauchesne, Band 1.1, col. 580–625.

NAMEN- UND SACHREGISTER

Als Namen der Autoren werden nur jene verzeichnet, die im Text (und nicht nur in den Anmerkungen) erscheinen. Verzeichnet sind lediglich jene bedeutsame Autoren, deren Ausführungen unmittelbar mit den Engeln den untersuchten Phänomenen zu tun haben. Angeführt sind auch Stellen in den Anmerkungen.